LISBON

일러두기

본 도서의 포르투갈어 표기는 기본적으로 국립국어원의 외래어 표기법을 따른다. 다만 현재 표기법과 다르더라도 더 익숙하게 사용되는 인명 또는 고유명사의 표기가 있을 경우 기존에 알려진 표기법을 참조한다. 예를 들어 '파울라 레구Paula Rego'의 경우 어두의 'R'이 'ㅎ'으로 표기되는 것이 원칙이나, 레구라고 더 알려져 있어 익숙한 방식의 표기를 사용한다. 또한 예외적으로 'José'의 경우 현행 표기법상 '조제'로 표기되어야 하나 국내에서는 '주제 사라마구' 등 '주제'로 더 익숙하여 일괄적으로 '주제'로 표기하며, 인명 중 관사나 접두사로 사용되는 단어는 붙여 쓰는 것이 원칙이나 본 도서에서는 '바스쿠 다 가마'처럼 원어의 띄어쓰기에 맞추어 띄어 쓴다.

풍월당 문화 예술 여행 02
LISBON

리스본

여기, 땅이 끝나고
다시 바다가 시작되는 곳

박종호

PUNG WOL DANG

풍월당 문화 예술 여행 시리즈를 펴내며

이제 유럽 여행은 우리에게도 흔한 일이 되었다. 그런데 간혹 유럽까지 가서 여전히 이름난 장소에서 사진을 찍고 명품 숍만 기웃거리는 사람들을 볼 때면 안타깝기 짝이 없다. 유럽은 모두가 알고 있듯이 문화와 예술이 가장 발달한 보고寶庫다. 그런 만큼 유럽 여행의 정수는 문화의 뿌리를 알고 예술을 누려 보는 데 있다고 생각한다. 그것은 행위 자체로 더할 나위 없는 즐거움이기도 하며, 그런 여행은 여행에서 돌아와서의 생활을 보다 풍요롭고 가치 있게 바꾸어 줄 수 있다.

국내에 많은 여행안내서가 나와 있지만, 대부분 일회적 감상 위주거나 반대로 단순 가이드북 수준이다. 간혹 전문 예술 분야 안내서가 있긴 하지만 미술이나 건축 아니면 음식 같은 특정 분야에 한정되어 있는 것이 대부분이다. 하지만 도시에서 미술 작품만 감상하거나 음식만 먹으며 다닐 수는 없다. 우리는 유서 깊은 문화를 담고 있는 장소나 카페 그리고 현지에서의 수준 높은 공연도 원한다.

이 책은 그런 문화와 예술에 관한 본격 여행안내서다. 이것은 문화와 예술을 찾아서 한 시기에 유럽을 편력했고 지금도 그러고 있는 저자가 두 발로 쓴 책이다. 이 책이 여행에 대한 범위와 깊이를 더해 주기를 소망하면서, 세상에 내놓는다.

차례

풍월당 문화 예술 여행 시리즈를 펴내며   5

포르투갈이라는 나라
세상 끝에 있는 나라   17
흐릿한 이미지   18
잃어버린 과거가 눈앞에 펼쳐지다   20

나의 리스본
가기 전부터 그리워한 도시   24
첫 리스본   25

리스본
리스본이라는 도시   33
항구 리스본   34
사우다드   36
빵과 과자의 도시   39
수도 리스본   41
영화 「리스본 스토리」   46

바이샤 지구

바이샤	51
사건 리스본 대지진	54
아베니다 다 리베르다드	56
헤스타우라도레스 광장	56
호시우 광장	59
칼사다 포르투게사	60
마리아 2세 국립극장	61
상 주제 병원	62
카사 두 알렌테주	62
독립 궁전	63
호시우 역	64
`호텔` 아베니다 팔라스	65
`카페` 카페 니콜라	65
`카페` 파르텔라리아 수이사	67
`술집` 아 진지냐	68
상 도밍구스 성당	69
`카페` 콘페이타리아 나시오날	69
피게이라 광장	71
산타 주스타 엘리베이터	71
아우구스타 거리	73
무데(MUDE)	74
코메르시우 광장	74
`카페` 마르티뉴 다 아르카다	78

바이루 알투 및 시아두 지구

바이루 알투 및 시아두	81
리스본의 전차	82
카몽이스 광장	85
인물 루이스 바스 드 카몽이스	87
인물 안토니우 히베이루	88
비스타 알레그레	89
카페 카페 아 브라질레이라	90
갈레리아 드 아르테 시아두 8	92
베르트랑 서점	92
파리스 엠 리스보아	92
사건 시아두 화재	93
아르마젠스 두 시아두	94
지하철 바이샤 시아두 역	94
카페 파스텔라리아 베나르드	95
카페 타르티느	96
사 다 코스타 서점	96
카르무 수녀원	97
루바리아 울리세스	98
페린 서점	99
상 카를루스 국립극장	99
상 카를루스 광장	102
상 호케 성당	102
시아두 현대미술관	103
아 비다 포르투게사	104
바실리카 다 에스트렐라	104

에스트렐라 정원	106
영국 묘지	106
인물 헨리 필딩	108
상 페드루 드 알칸타라 전망대	110
리스본 국립 음악원	112
인물 마리아 주앙 피레스	114
산타 카타리나 전망대	116
카페 카페 누바이	116
리스본의 케이블카	117
인물 아말리아 호드리게스	120
아말리아 호드리게스 재단	122
카사 페르난두 페소아	123
인물 페르난두 페소아	126
에세이 『불안의 책』	128
인물 안토니오 타부키	130
소설 『페르난두 페소아의 마지막 사흘』	132

알파마 지구

알파마	137

알파마 지구의 테주강 방면

카사 두스 비쿠스, 주제 사라마구 재단	139
인물 주제 사라마구	144
소설 『눈먼 자들의 도시』	146
파두	148
파두 박물관	150
산타 아폴로니아 역	151

국립 판테온	151
아줄레주	153
아줄레주 국립 박물관	156

알파마 지구의 언덕 방면

대성당	158
콘세르베이라 드 리스보아	160
산타 루시아 전망대	160
포르타스 두 솔 전망대	160
상 조르즈 성	162
그라사 전망대	163
인물 소피아 드 멜루 브라이너 안드레센	166

폼발 광장 북쪽 지역

폼발 광장 북쪽 지역	169
폼발 후작 광장	169
인물 폼발 후작	170
성심 성당	174
에두아르두 7세 공원	174
인물 칼루스트 굴벤키안	176
칼루스트 굴벤키안 박물관	178
굴벤키안 오케스트라	182
카페 파스텔라리아 베르사유	184
탈리아 극장	184
리스본 음악원 고등 음악학교	185
아구아스 리브레스 수로	186

벨렝 지구

벨렝	191
국립 고대미술 박물관	191
제로니무스 수도원	192
파스테이스 드 벨렝	196
해양 박물관	198
베라르두 컬렉션 미술관	198
인물 주제 베라르두	200
벨렝 탑	203
발견 기념비	204
바람의 장미	206
인물 대항해 시대의 탐험가들	208
벨렝 문화센터	212
마트 뮤지엄	213
센트럴 테주	214
레르 데바가르	215
샴팔리모 재단	216
인물 안토니우 드 솜머 샴팔리모	218
4월 25일 다리	220
그리스도상	222
인물 안토니우 드 올리베이라 살라자르	224
사건 카네이션 혁명	226
소설 『리스본행 야간열차』	228

올리바이스 지구

올리바이스	235
엑스포 98	235
나수에스 공원	236
포르투갈 파빌리온	238
인물 알바루 시자 비에이라	240
리스본 해양 수족관	242
나수에스 해양 공원	242
물의 정원	243
오리엔트 역	244
인물 산티아고 칼라트라바	246
바스쿠 다 가마 타워	248
호텔 미리아드 호텔	249
바스쿠 다 가마 다리	249

리스보아 지방

리스보아 지방	253

신트라

신트라	254
신트라 궁전	255
카페 니콜라	255
카페 피리키타	256
카페 카페 사우다드	256
호텔 호텔 로렌스	256
페나 성	257

페나 공원	260
무어 성	260
헤갈레이라 별장	262
몬세라트 궁전	263
인물 조지 고든 바이런	266

아제냐스 두 마르

아제냐스 두 마르	268
식당 레스토랑 아제냐스 두 마르	268
카사 브랑카	269

카스카이스

코스타 두 솔	272
카스카이스	272
마리나 드 카스카이스	275
마레샬 카르모나 공원	275
콘데스 드 카스트로 기마랑이스 박물관	275
카사 솜머	276
바다 박물관	276
카스카이스 문화센터	276
카스카이스 요새	276
카사 드 산타 마리아	277
인물 하울 리누	278
산타 마르타 등대와 등대 박물관	280
파울라 레구 미술관	280
인물 파울라 레구	282
인물 에두아르두 소투 드 무라	284

카스카이스의 해변들	286
호텔 호텔 포르탈레사 두 긴수	287

에스토릴

에스토릴	288
카지노 에스토릴	289
호텔 호텔 팔라시우	289
포르투갈 음악 박물관	290

카보 다 호카

카보 다 호카	291

부록

리스본의 호텔	296
리스본의 카페 및 식당	306
리스본의 파두하우스	316
가는 방법	320
리스본 추천 투어 코스	324

포르투갈이라는 나라

세상 끝에 있는 나라

　세상의 끝은 어디일까? 나는 가끔 생각한다. 공처럼 둥근 지구 위에서 끝이란 있을 수 없겠지만, 문명화의 역사 속에서 우리의 인식은 자연스럽게 세상의 중심과 끝이라는 개념을 받아들였다. 내게는 종종 남극이 세상의 끝으로 보이기도 했다. 처음 아르헨티나에 갔을 때는 그곳도 세상의 끝이었고, 문명사회에서 떨어진 깊은 오지로 들어가면 거기도 끝으로 느껴졌다.

　김동리의 소설 『밀다원 시대』에서 이중구는 한국전쟁 때 부산으로 피난을 간다. 기차가 부산역에 다다르자 그의 머릿속에는 '땅끝'이라는 개념이 떠오른다. "끝의 끝. 막다른 끝. 거기서는 한 걸음도 더 나갈 수 없는, 한 걸음만 더 내디디면 허무의 공간으로 떨어지고 마는, 그러한 최후의 점 같은……." 서울에 살던 사람에게는 작은 반도의 끝일 뿐인 부산조차도 세상의 끝으로 여겨질 수 있었다.

　근대화의 물결 속에서 어려서부터 서양 문화를 중심으로 성장하고 서구 문명을 떠받들면서 발전한 우리 세대는 아무래도 유럽을 중심으로 사고할 수밖에 없었다. 그런 유럽에서 땅의 끝이란 흔히 이베리아반도로 표현되어 왔다. 유럽인들이 펴낸 많은 책에는 '아프리카는 피레네 산맥에서 시작한다'는 표현이 나온다. 유럽의 중심부에서 보면 피레네 산맥 너머에 있는 스페인이 심정적으로 얼마나 멀게 느껴지는지 보여주는 좋은 예다. 그런 스페인이 자리한 이베리아반도는 광활한 땅이다. 그런데 이 넓은 스페인을 넘어서 이베리아반도의 끝에 매달려 있는 것이 포르투갈이다. 포르투갈의 여러 작가들도 글에서 늘 자신들의 땅이 세상의 끝이라고 말해 왔다.

흐릿한 이미지

오늘날 포르투갈 하면 무엇이 가장 먼저 떠오를까? 특별한 단어가 있을까? 지금 우리에게 포르투갈이 주는 인상은 그리 강렬한 것이 없다. 보통 사람들에게 포르투갈 하면 떠오르는 것 중 하나는 축구다. 그러나 이전에는 에우제비우로, 지금은 호날두로 대표되는 포르투갈의 축구도 이제는 최고의 수준에는 미치지 못한다. 쇠락해 가는 영광의 마지막 끝자락을 붙잡고 있는 듯하다. 그 역시 이 나라의 이미지와 닮았다.

포르투갈 하면 어떤 이들은 파두를 떠올린다. 파두는 포르투갈을 대표하는 음악이자 오직 포르투갈만의 것이다. 그러나 파두가 없어도 그곳 사람들은 불편하지 않게 살아간다. 사실 솔직히 말해서 파두는 이제 그렇게 일상적이지 않다. 우리나라 사람이 매일 민요를 부르거나 일상에서 판소리를 듣지 않는 것과 같다. 그럼 유명한 포르투갈 단어는 어떨까. 빵이라는 말은 포르투갈에서 왔지만 우리는 더 이상 빵이 포르투갈 말이라고 생각하지 않는다. 빵을 먹으면서 포르투갈을 떠올리는 사람은 없다.

이제 포르투갈은 특별히 강렬한 이미지를 갖고 있지 않다. 퇴색해가는 흐릿한 이미지들이 존재할 뿐이다. 게다가 포르투갈을 대표하는 리스본의 이미지 역시 퇴색한 낡은 건물들이 늘어선 도시다. 그곳에서 대체 무엇을 찾을 수 있을까? 과연 그곳에 행복이 있을까? 흐릿하고 빛바랜 여정이 되지는 않을까?

잃어버린 과거가 눈앞에 펼쳐지다

하지만 당신이 포르투갈 땅에 발을 디딘다면, 오래 전에 잊었던 많은 기억들이 한꺼번에 되살아날 것이다. 아련하고 흐릿한 이미지들이 갑자기 총천연색을 띠면서 하나하나 선명하게 드러난다. 텔레비전의 흑백 화면이 점진적으로 고화질 컬러 영상으로 바뀌는 모습 같다.

이렇게 살아나는 이미지와 함께 의식도 살아난다. 어린 시절 집에서 보았던 것들, 가난한 동네의 골목에서 마주쳤던 사물들. 딱히 좋아하지는 않았지만 편안하고 다정했던 것들에 대한 기억이 일순간에 깨어난다. '그래, 많은 것들이 사라졌고 나는 그것들을 잃었지'라는 생각이 드는 것이다.

당신이 30년 전으로 돌아갈 수 있는 방법이 있다. 포르투갈로 떠나는 것이다. 아니 60년 전도 가능하고 100년 전으로도 갈 수 있다. 당신이 포르투갈에 도착하면 그곳은 더 이상 포르투갈이 아니다. 어린 시절의 추억과 기억이 그대로 남아 있는 과거의 나라다. 당신은 거기서 과거의 이웃집도 다시 찾게 되고, 골목에서 동네 바보 형과 착한 누나도 만나고, 빨래를 너는 뒷집 할머니와 무료하게 거리를 바라보면서 길가 벤치에 앉아 있는 할아버지도 만날 것이다. 포르투갈은 그런 땅이다. 당신이 오래 전 집에서 보았던 낡은 선풍기와 싱어 재봉틀이 있고, 잊었던 옥스퍼드 타자기와 포마이카 가구가 놓여 있는 곳. 풀 먹인 식탁보와 십자수로 수놓은 커튼이 여전히 걸려 있고, 내 어머니의 꽃무늬 원피스를 입은 주부들이 골목을 걸어 다니며, 오래된 노란 전차가 언덕을 오르고, 여전히 투박한 빵과 설탕을 잔뜩 바른 과자가 거리에 늘어선 곳…….

나의 리스본

가기 전부터 그리워한 도시

내가 가 보지도 않은 리스본을 그리워하기 시작한 것은 영화 「러시아 하우스」를 보고 나서였던 것 같다. 런던의 출판업자인 발리(숀 코너리 분)는 일을 잠시 접고 세계를 주도하는 도시 런던을 떠나 유럽의 변방 리스본에 거처를 구한다.

낡은 노란 전차가 땡땡거리며 다니고, 다 쓰러져 가는 건물들이 다닥다닥 붙어 있는 어두운 골목에서 그는 낮부터 술을 한잔하는 삶을 즐기고 있다. 그런 그 앞에 갑자기 영국 첩보원들이 들이닥친다. 정치나 첩보와는 무관한 삶을 살았던 그는 결국 영국 정보부의 요청으로 첩보 작전에 가담하고 만다. 발리가 운영하던 출판사는 철의 장막에 가려 있던 소련 작가의 좋은 원고를 서방에서 출간하는 사업을 해 왔기에, 영국 정보부는 그를 소련 작가들과의 연락책으로 이용하기 위해 접근한 것이다. 발리는 내키지는 않지만 국가를 위한다는 명분으로 어느 소련 작가와 접촉한다……. 일개 상인이던 발리는 일생에 단 한 번 국가를 위해 헌신하게 되고, 그 과정에서 러시아의 여성 카티아(미셸 파이퍼 분)와 가까워진다.

모든 작전이 다 끝났다. 발리는 리스본의 언덕 위에 있는 집 벽에 페인트칠을 하면서, 창밖으로 보이는 항구로 배가 들어오기를 기다린다. 그런 날들이 얼마나 지나갔을까. 드디어 소련 화물선 한 척이 부두로 들어온다. 그것을 본 발리는 재킷을 걸치고 한 손에 꽃다발을 들고서 언덕의 가파른 계단을 뛰어 내려간다. 이어 활짝 웃으면서 화물선에서 내려오는 카티아가 화면에 나타난다. 계단을 내려온 그녀는 조금의 망설임도 없이 발리의 품으로 뛰어든다.

한 여성을 사랑하기 위해서, 그녀와 함께 있기 위해서, 언제 올지 모르는 그녀를 위해 매일 집을 고치고 닦으며 하염없이 기다리는 항구 리스본. 그가 자신의 남은 인생을 다 바쳐 함께할 한 사람을 위해 선택한 도시 리스본. 리스본은 이 영화를 통해 내 가슴 속 깊이 들어왔다. 나는 가 본 적도 없는 리스본을 그리워하고 꿈꾸며 향수병 비슷한 것에 시달렸다. 그렇게 오랜 세월이 흐른 뒤, 결국 나는 리스본에 도착했다.

첫 리스본

리스본 한가운데에 있다는 위치만을 보고 골랐던 호텔의 첫인상은 기대에 미치지 못했지만, 나는 그런 사소한 문제에 개의치 않았다. 막 리스본에 도착했고 아직 저녁을 먹기 전이니 아직 쓸 수 있는 시간이 남아 있었다. 나는 과도하게 친절하고 유쾌한 직원 카림의 추천에 따라 파두를 듣기 위해서 파두하우스로 향했다. 내가 준비하고 조사했던 그 많은 파두하우스들의 리스트는 카림의 자신만만한 추천에 밀려 주머니 속에서 구겨지고 말았다.

바이루 알투 지역에 있는 파두하우스에서의 경험은 노래에 대한 감상보다도 '내가 리스본에 왔구나' 하는 인상을 남겼다. 어설픈 스테이크의 맛도, 그때는 잘 몰랐던 포트와인 특유의 향도 기억에는 남아있지 않다. 그저 뒷골목의 어두컴컴한 집에서 짙은 화장에 지친 표정으로 목 놓아 노래하는, 예순을 넘긴 듯한 파두 가수를 바라보고 있었다는 것만 떠오른다. 나는 천장이 낮고 바닥 여기저기가 팬 작은 식당의 맨 뒤 구석에 앉아 있었다. 시야에 연주자보다도 손님들이 더 많이 보이는 자리에서 보내는 리스본의 첫날밤이었다. 그때까지도 나는 실제 리스본이 아니라 마음속에 그렸던 나만의 리스본에서 아직 헤어나지 못하고 있었다. 호텔로 돌아와서는 긴 비행의 피곤함에도 불구하고 한참을 뒤척이다 잠들었다.

아침이 오고 리스본의 태양이 떠오른다. 손님이 없는 1층 식당에서 유리창 너머로 바라본 대로에는 사람도 차도 없다. 다만 넓은 길과 키 큰 나무들 밑에서 뒹구는 플라타너스 잎사귀와 그 위로 걸어 다니는 개들만이 지금이 정지된 시간이 아니라 살아있는 현실임을 알려 준다.
  거리로 나와 리스본 특유의 타일이 깔린 포도鋪道를 처음 밟아 보면서 천천히 걷는다. 한 순간도 한 건물도 한 줄기 바람도 놓치고 싶지 않다. 도로가 끝나면 광장이 나오고, 거기서 이어진 다른 도로에 들어서면 또 광장이 나온다. 광장에서 솟구치는 분수는 아침 햇살을 받아 오색의 포말을 허공에 흩날리고 있다. 길가에는 높은 언덕을 올라야 하는 관광객을 겨냥한 미니택시인 '톡톡'들이 졸린 듯이 줄지어 서 있고, 그 뒤로 드디어, 엽서의 사진에서 튀어나온 듯이 100년이 넘은 노란 전차가 나를 향해 다가오는 중이다.

다시 레고 블록으로 지은 듯이 반듯하게 늘어선 좁은 길로 들어서면 아줄레주라는 타일로 장식된 낡은 건물들이 같은 키를 맞대고 줄지어 서 있다. 1층의 가게들은 방금 만든 빵과 과자를 자랑스럽게 쇼윈도에 내놓았고, 위층에 내걸린 빨래들은 시민들의 소박한 생활을 말해 주고 있다. 아침 첫 커피의 향과 구수한 과자 냄새를 맡으면서 테라스의 테이블과 의자를 정리하는 웨이터들을 바라보고, 이제 실물로는 만날 수 없는 구형 모델의 미니어처 자동차와 정어리 모양 장식품을 파는 가게를 지난다. 그렇게 걷다가 서울에서는 아무도 입지 않을 것 같은 촌스러운 원피스들이 내걸린 가게를 지나면, 갑자기 시야가 트이면서 광활할 만큼 넓고 네모난 광장이 나타난다.

그 광장 가운데에 서 있는 말 탄 남성의 석상 쪽에서 물 냄새가 다가오는 듯하다. 착각인가 하는 생각이 들 틈도 없이 뒤로는 드넓은 바다, 아니 실은 바다 같은 테주강이 나타난다. 목적지에 온 것이다. 오는 데 몇 년이 걸렸던가? 여기가 유럽 대륙의 끝이다.

이제부터 나는 며칠 동안 리스본을 걸을 것이다. 가파른 언덕을 오르내리고 노란 전차도 탈 것이다. 오래된 창문으로 밖을 내다보고 낡은 식당에서 이것저것 먹을 것이다. 순한 사람의 웃는 얼굴을 마주할 것이고, 운이 좋으면 착한 수녀님과 인사도 나눌 수 있을 것이다. 그러다 낮보다 더 아름다운 리스본의 밤이 찾아오면 항구 뒷골목의 불편한 나무 의자에 앉아서 파두를 들을 것이다.

여기서 나는 돌아가신 어머니를 만나고 헤어진 친구를 만나고 잊었던 사람들을 만나게 될 것이다. 나는 리스본에 왔다.

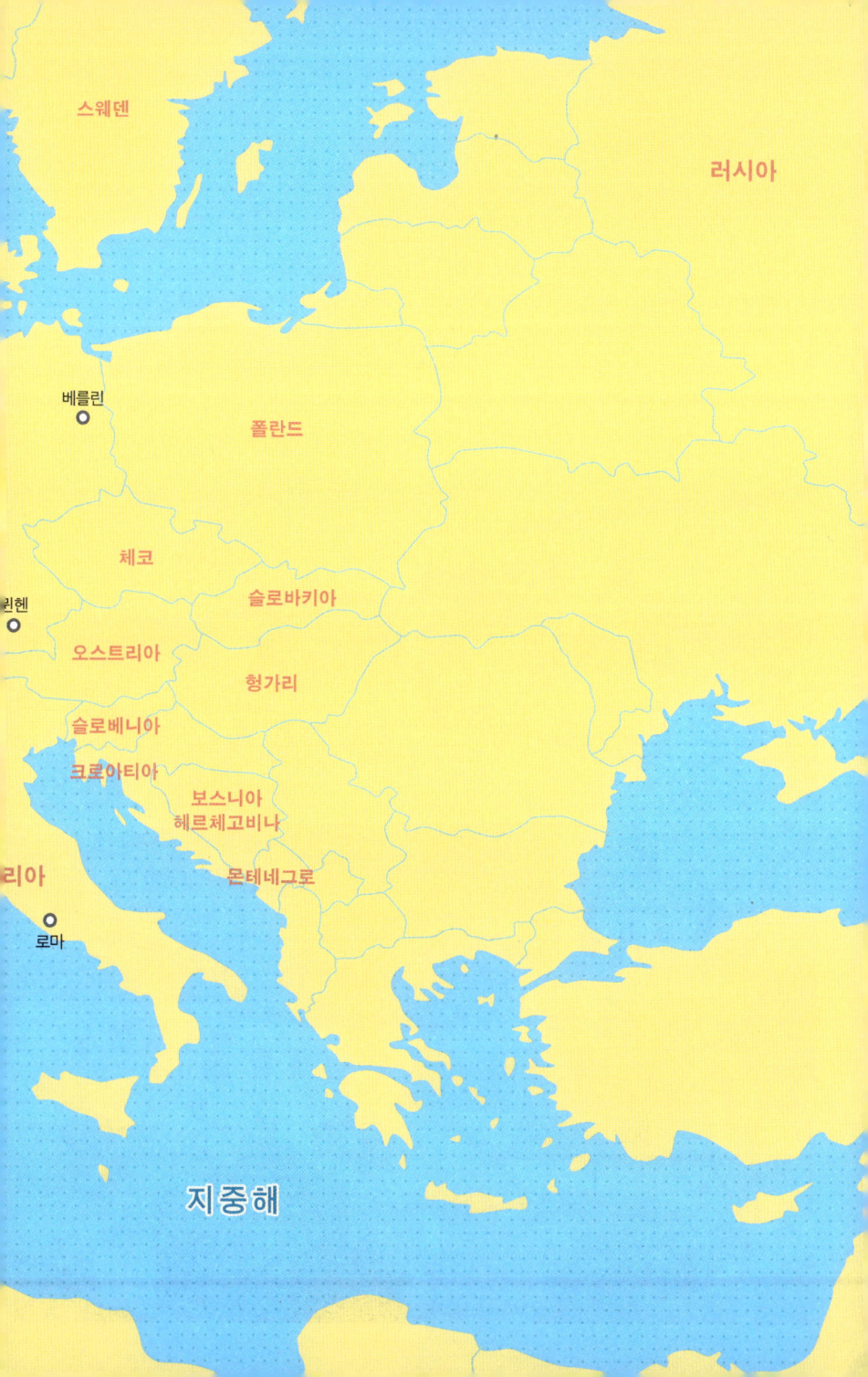

리스본

리스본이라는 도시

리스본은 언덕의 도시다. 대부분의 집들이 언덕 위에 있거나 아니면 비탈에 붙어 있다. 그래서 영화 「러시아 하우스」에서처럼 많은 집에서 항구가 내려다보인다. 항구를 오가는 외항선들도 보이고 사람을 실어 나르는 페리와 여객선도 보이고 생선을 잔뜩 싣고 의기양양하게 들어오는 어선도 보인다. 언덕 집에서 사는 사람들은 창으로 배를 바라보고 고개를 내밀고 손을 흔든다. 언덕과 언덕들 사이에는 좁은 평지가 있을 뿐이다.

이런 점은 내 고향 부산과 흡사하다. 가마솥을 걸치는 세 개의 돌출부를 가진 부뚜막을 닮았다고 가마 '부釜'를 쓰는 부산釜山 역시 세 개의 산을 중심으로 여러 산이 이어져 있다. 그래서 부산 사람들도 산비탈에서 살았다. 내 어린 시절의 동네 수정동 같은 곳이 그러했다. 그 산들 사이에 끼어 있는 평지는 협소하다. 부두나 자갈치 시장 같은 넓은 지역은 다들 인공 매립지이니, 이런 점도 리스본과 비슷하다. 그래서 나에게 리스본은 마치 고향으로 돌아온 기분, 어린 시절로 돌아간 것 같은 느낌을 준다.

이러한 지형적인 특성 외에 리스본이라는 도시의 정체성은 크게 두 가지로 볼 수 있다. 하나는 '항구港口'라는 점이고 다른 하나는 '수도首都'라는 사실이다.

항구 리스본

리스본은 항구다. 영어로 리스본Lisbon이지만 포르투갈어로는 리스보아Lisboa인 이 단어는 고대 페니키아어로 '좋은 항구'라는 뜻이라고 한다. 리스본은 좋은 항구일 뿐만 아니라 포르투갈에서 가장 큰 항구다. 또한 유럽 입장에서 보면 세상의 끝에 있는 항구이기도 하다.

유럽의 중심에서 보면 스페인 이상으로 먼 나라가 포르투갈이다. 이베리아반도 서쪽 끝에 위치한 포르투갈은 반도의 약 6분의 1만 차지하는 작은 나라로, 그 면적은 우리나라보다도 좀 작다. 평평한 사각형 같은 이베리아 지도를 보면 포르투갈은 한 침대에 누운 부부를 떠올리게 한다. 부부 중 한 명은 한쪽 구석에 쪼그린 채 모로 누워서 떨어지지 않으려고 매달려 자는 불쌍한 모습이다. 그곳이 포르투갈이다. 하지만 이런 지형에서 살아온 포르투갈 사람들은 등 뒤의 드넓은 스페인을 열망하지도(스페인 왕권에 대해서 한 번도 욕심을 내지 않았던 것은 아니지만), 피레네산맥 너머의 프랑스나 이탈리아 같은 유럽 중심부를 갈망하지도 않았다.

왜냐하면 그들 앞에는 바다가 있었기 때문이다. 그들에게 바다는 결코 대륙의 끝이 아니었다. 오히려 그들은 바다를 세상의 끝이 아니라 시작으로 보았다. 리스본 사람들은 저 바다 건너에 새로운 세계가 있을 것이라고 믿었다. 그들은 스페인이 막고 있는 뒤편의 땅에 연연하는 대

신 눈앞의 바다로 나아갔다. 그렇게 하여 그들은 가깝게는 북아프리카의 서해안을, 멀리는 아메리카를, 더 멀리는 희망봉을 돌아서 아시아로 가는 항로를 개척했다. 이 모든 일들이 리스본에서 시작되었다. 리스본의 바닷가에 서면 인류 역사를 바꾼 대항해 시대가 시작되었을 때의 감격이 천천히 밀려온다.

이렇게 리스본 사람들에게 바다는 친숙하고 가까운 존재였다. 리스본에서 늘 접할 수 있는 맛있고 다양한 생선 요리를 마주할 때마다 오래전부터 바다에서 식량을 구했던 그들의 조상을 생각한다. 바다는 누구에게나 장벽 같은 존재지만 동시에 그들이 살아가는 터전이기도 했다. 어부는 농부와는 다르다. 농부는 자신이 씨를 뿌리고 가꾸지만, 어부는 그야말로 하늘이 주는 대로 바다가 베푸는 대로 살아갈 뿐이다. 농부가 농사를 지을 때는 힘들기는 해도 목숨을 걸지는 않지만, 바다를 상대로 살아가는 어부는 목숨을 걸고 하루하루를 살아간다. 그런 점에서 그들의 삶은 더욱 치열하고 더욱 외로웠을 것이다.

사우다드 Saudade

많은 리스본 남자들이 배를 타고 바다로 나갔다. 고기를 잡기 위해서, 무역을 하기 위해서, 전쟁을 위해서, 새로운 항로를 개척하기 위해서……. 그렇게 떠났던 많은 남자들이 돌아오지 않았다. 그들은 성난 바다 위에서 사라지고, 전장에서 죽고, 다른 나라에 가서는 소식이 끊겼다.

그리고 돌아오지 않는 남자들보다 더 많은 여자들이 리스본 언덕에서 통곡했다. 바다로 간 남자들은 다들 누군가의 남편이자 아버지고 아들이고 애인이고 오빠고 동생이었다. 대항해 시대의 위대한 업적은 영웅들만의 것이 아니었다. 그 뒤에는 항구를 내려다보는 언덕을 적신 수많은 눈물들이 있었던 것이다.

그러다 누군가는 돌아왔다. 헤어짐과 만남이 반복되는 곳, 그것이 항구의 진짜 의미다. 항구는 헤어지는 곳이며 또한 긴 기다림 끝에 만나는 곳이다.

'사우다드'는 리스본에 가면 자주 듣게 되는 말이다. 번역하기가 까다로운 단어인데, 일종의 '그리움'에 해당하는 말이다. 우리말로 하면, '그리움', '향수', 그로 인한 '외로움' 정도로 대치할 수 있지만, 아무래도 정확하지는 않다. 굳이 설명하자면 '결코 도달할 수 없는 것에 대한 그리움'이니, 더 나아가면 '한恨'과 유사할 수도 있다. 바다로 떠난 사랑하는 사람을 기다리고 기다리면서 지친 가슴에 남은 심정을 사우다드라고 부른다고 한다. 아마도 사우다드를 안다는 것은 리스본의 정서를 이해한다는 뜻일 것이다.

리스본 사람들은 유달리 친절하다. 물론 유럽 곳곳에는 친절한 도시가 많고 친절한 사람들이 많이 살고 있다. 하지만 리스본에 도착하면 하루도 지나지 않아서 "아, 이들은 참 친절하구나." 하는 말이 나오게 될 것이다. 리스본 사람들은 유독 친절하고 밝고 다정다감하다. 대부분은 눈을 동그랗게 뜨고 사람을 빤히 바라보면서 입가에는 수줍은 미소를 잔뜩 머금고 있다. 친절에 감사해서 칭찬이라도 할라치면 얼굴이 빨갛게 달아올라서 자리를 피하곤 한다.

그런 그들의 친절한 모습 뒤에 사우다드가 숨어 있다. 그들의 웃음과 미소는 슬픔과 울음을 삼키고 생겨난 것으로 보인다. 그런 생각이 들 때마다 나는 그들에게서 어떤 정을 느낀다. 그렇다. 그들은 다만 친절한 것이 아니라, 무언가 다가가고 싶고 챙겨 주고 싶은 감정을 불러일으킨다. 그 뒤에 아련한 사우다드의 그림자가 드리워 있다. 그것이 포르투갈의 친절이 다른 나라의 친절과 다른 점이 아닐까.

빵과 과자의 도시

빵이 어느 나라 말일까? 빵을 좋아하는 사람도 깊이 생각해 보지 않은 경우가 많을 텐데, '빵pan'은 포르투갈 말이다. 그렇다고 해서 빵이 포르투갈만의 음식이란 뜻은 아니다. 하지만 브레드(영어)도 아니고 팡(프랑스어)도 아니고 파네(이탈리아어)도 아니고 우리는 여전히 빵이라는 말을 사용한다. 우리만이 아니다. 세계적으로 빵이라는 말은 빵을 지칭하는 데 많이 쓰이는 말이다.

포르투갈이 세계적으로 교역을 활발하게 하던 16세기 무렵에 포르투갈 선박들을 통해서 빵이 일본에 유입되었고, 이때 빵이란 말도 함께 들어왔다. 그리고 20세기가 되면서 일본에서 빵과 빵이란 말이 함께 우리에게 전해진 것이다.

그런데 리스본 시내를 돌아다니다 보면 실제로 빵집이나 과자 가게가 눈에 띌 정도로 많이 보인다. 과자 가게라고 부르건 빵집이라고 부르건 카페라고 부르건, 어디서나 빵과 과자를 취급한다. 이렇게 과자 가게가 많을 뿐 아니라, 그 속에 진열되어 있는 과자의 종류와 양 역시 상상을 초월한다. 마치 '적어도 리스본의 과자 가게라면 이 정도의 종류와 양은 갖추어야 하지 않겠어?'라며 자랑하는 듯하다.

 양복을 차려입은 세련된 중년 신사들이 과자를 담은 풍성한 진열장이나 커다란 유리 상자 속을 진지하게 들여다보고 있다. 그들은 중대한 사업적 결단이나 국제협약 체결을 눈앞에 둔 듯한 옷차림과 표정으로 오늘은 무슨 과자를 사 먹을지 고민하고 있다. 이들의 이런 모습은 리스본의 큰 구경거리다. 대체 어른들이 왜 이렇게 진지하게 과자를 들여다볼까? 그렇다. 어른이기 때문이다. 마음대로 먹고 싶은 과자를 주워 담는 아이들과 달리, 어른들은 과자를 한 번에 몇 개 이상은 먹을 수 없으며 또 그래서는 안 된다는 것도 잘 알고 있다. 그래서 어른들은 이번에 먹을 수 있는 단 한 개의 과자를 고르기 위해서 최선을 다하는 것이다. 과자 진열장 앞에 선 신사는 마치 실험실에서 시험관을 관찰하는 노교수와 같은 예리한 눈빛으로 '오늘의 과자'를 찾는다.

이런 광경은 내가 리스본에 와서 처음 본 것이다. 그러나 결코 우습게 볼 수만은 없다. 리스본은 실제로 세계에서 가장 과자가 다양한 도시인 동시에 가장 과자가 맛있는 곳이기 때문이다. 앞으로 우리를 압도할 과자 가게들을 하나씩 소개할 테니, 벌써부터 초조해하지 마시기 바란다.

수도 리스본

리스본이 항구 도시라는 강렬한 정체성을 갖고 있긴 하지만, 또 하나 중요한 정체성은 포르투갈의 수도라는 점이다. 현대 국가에서 일국의 수도라는 것은 강한 힘을 발휘하는 요소다.

포르투갈은 분명히 서유럽의 선진국이기는 하지만, 독일, 프랑스, 이탈리아, 스페인 같은 유럽연합의 중심을 이루는 주요 국가들에 비해서는 크기도 작고 국력도 그리 대단하지 않다. 리스본은 인구가 50만 명에 불과하다. 그렇다보니 종종 사람들은 리스본을 유럽의 시골 도시쯤으로 생각하는 경향이 있다.

하지만 리스본은 당당한 일국의 수도다. 게다가 리스본을 단순히 작은 나라의 수도로만 생각한다면 그것은 오산일 수 있다. 포르투갈의 인구는 불과 1000만 명 정도지만, 세계에서 포르투갈어를 사용하는 인구는 놀랍게도 포르투갈 인구의 25배, 즉 2억 5000만 명 정도로 추산된다.

짐작하듯이 과거 포르투갈의 식민지였던 거대 국가 브라질도 포르투갈어를 사용한다. 뿐만 아니라 포르투갈의 식민지였던 연유로 포르투갈어를 국어 내지는 공용어로 사용하는 국가들은 '포르투갈어 사용국 공동체Comunidade dos Países de Língua Portuguesa, CPLP'를 조직했다. CPLP는 포르투갈어를 공용어로 사용하는 국가 사이의 친목과 단합을 다지기 위한 목적으로 설립된 국제기구다. 당연히 과거 대항해 시대에 포르투갈이 식민 지배하던 나라들이 대부분인데, 회원국은 포르투갈을 필두로 브라질, 앙골라, 모잠비크, 카보베르데, 기니비사우, 상투메프린시페, 적도 기니, 동티모르, 마카오까지 9개국이다. 이 나라들의 인구 총합이 약 2억 5000만 명 정도니, 그들이 모두 포르투갈어를 모국어로 쓴다고 보면 된다. 그 외에도 참관국이 6개국이며 후보국이 13개국이다.

포르투갈어 사용국 공동체의 본부가 리스본에 있다. 그러므로 리스본은 포르투갈의 수도일 뿐만 아니라 이 포르투갈어 동맹국의 수도이기도 한 것이다.

그래서 리스본의 문화적 영향력은 우리의 상상 이상으로 크다. 포르투갈의 유명한 시인이나 작가가 신간 서적을 출간하면, 포르투갈어를 쓰는 다른 국가들에서도 즉시 베스트셀러가 된다. 이는 우리가 리스본을 생각할 때 종종 간과하는 점이다. 즉 포르투갈의 문화는 1000만 명의 시장이 아니라 CPLP에 가입한 모든 나라를 상대로 하는 것이다.

이와 마찬가지로 리스본 사람들은 브라질에서 출간되는 신간도 거의 모두 읽고 있으며, 모잠비크의 책도 좋기만 하다면 리스본의 서점에서 출간 즉시 인기를 얻는다. 이것이 리스본에 가면 피부로 체감할 수 있는 포르투갈어와 포르투갈 문화의 힘이다. 포르투갈의 축구 팬이라면 브라질 축구 리그의 동향 정도는 매일매일 체크한다고 한다. 브라질에서 인기를 끄는 최신 가요는 바로 포르투갈에서도 인기를 얻으며, 브라질 유명 모델의 사진은 거의 동시에 리스본의 광고판에 걸린다. 사실상 브라질은 여전히 포르투갈 문화권에 속한 셈이다. 리스본은 이 모든 나라들의 문화적 수도이며, 이들의 문화와 예술을 선도하는 위치에 있다.

「리스본 스토리」
「Lisbon Story」 — 영화

리스본에 가기 전에 미리 보아야 할 영화

리스본에 가기 전에, 미리 보았으면 하는 영화 한 편을 추천한다. 독일의 작가주의 감독인 빔 벤더스Ernst Wilhelm 'Wim' Wenders(1945~)가 1994년에 발표한 영화「리스본 스토리Lisbon Story」다.

벤더스는「파리 텍사스」나「베를린 천사의 시」등의 작품으로 명성을 얻었다. 그의 작품세계는 주로 전후 독일 사회의 부정적이고 회의론적인 분위기를 보여 주어서 어렵거나 어둡다는 평가를 많이 받는다. 하지만「리스본 스토리」는 리스본 특유의 아름다운 풍경을 배경으로 하면서 곳곳에 코믹하고 가벼운 요소도 첨가하여, 심각한 주제를 다루면서도 침울해지지 않고 오히려 순수한 즐거움까지 안겨주는 작품이다.

독일에 살고 있는 음향기사 필립은 동료이자 영화감독인 프리드리히로부터 "영화 촬영 중에 곤경에 처했으니 도와 달라"는 전갈을 받고는 장비를 챙겨서 자동차를 몰고 생면부지의 리스본으로 떠난다. 영화의 큰 재미 중 하나가 리스본까지 가는 길을 흥미진진하게 꾸민 것이다. 프랑스와 스페인을 거치는 자동차 여정은 쉽지 않다. 필립은 그 과정에서 여러 사건과 맞닥뜨리지만, 결국 유럽의 끝에 있는 리스본에 닿는다. 그는 겨우 프리드리히의 아파트를 찾아가지만, 친구는 없고 어린이들만 번잡하게 놀고 있다.

친구가 자리를 비운 집에서 홀로 시간을 보내던 필립은 프리드리히가 촬영하던 필름을 발견한다. 그는 프리드리히가 읽다 만 책(페르난두 페소아의 책이다)을 발견하고 그것을 읽는다. 이어서 그는 이미 프리드리히의 친구가 된 동네 아이들과 영화음악을 담당할 리스본의 젊은 음악가들을 만난다. 이윽고 필립은 프리드리히의 영화에 들어갈 음향을 만들기 위해 장비를 챙겨서 밖으로 나간다. 그는 리스본의 이곳저곳을 다니며 녹음 작업을 시작한다. 그는 리스본의 종소리, 전차 소리, 바람 소리 등을 채집한다.

> "한 남자가 리스본에 가고 사랑하게 되기까지…."

필립이 소리를 채집하기 위해 리스본을 돌아다니는 동안 리스본의 많은 명소들이 화면에 등장한다. 감독이 하고자 한 말은 차치하고라도 화면이 정말 아름답다. 영화를 본 사람이라면 리스본에 대한 아련한 그리움을 품지 않을 수 없다.

영화가 거의 마지막에 다다라서야 필립은 프리드리히와 만난다. 프리드리히는 산업화에 찌든 현대 도시 속에서 새로운 이미지를 만들어 내기 위해 고심하다 지친 심정을 토로한다. 결국 그들은 자유롭게 순수한 화면을 만들어 보기로 한다. 둘은 각자 카메라와 마이크를 둘러메고 노란 전차를 탄다.

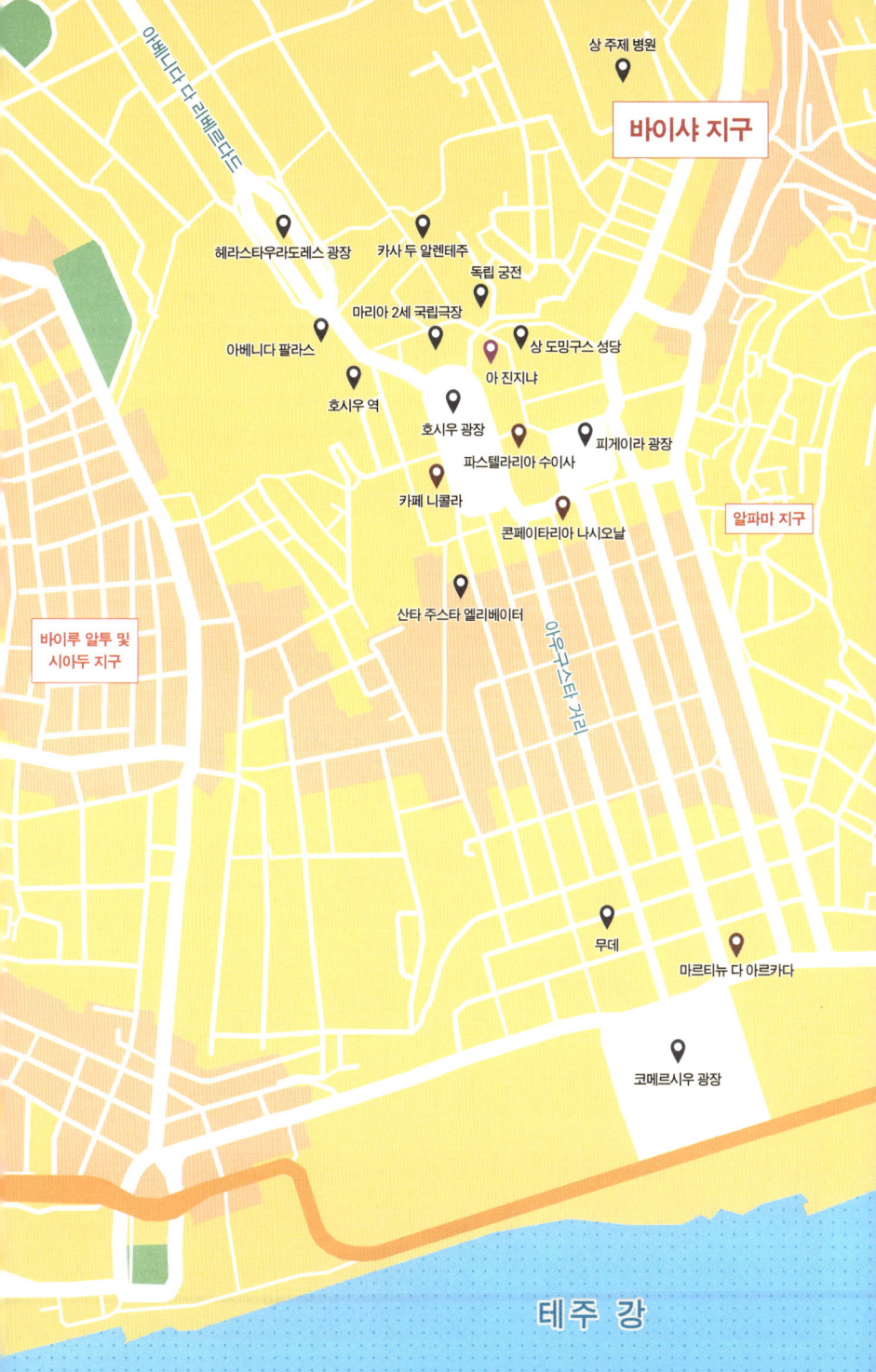

바이샤 지구

바이샤 Baixa

 여러모로 리스본의 중심부라 할 수 있는 평야 지대가 '바이샤' 지구다. 일곱 개의 언덕으로 이루어진 리스본에서 가장 평편한 지역이며 계획도시처럼 반듯하게 정리된 곳이다. 바이샤 지구의 양편으로는 더 유명하고 매혹적인 두 개의 언덕(리스본에서 가장 매력적이고 중요한 관광지다)이 있지만, 그곳으로 올라가기 전에 도시의 중심부인 바이샤 지구를 먼저 둘러보는 것이 좋을 것이다.

 '바이샤'는 포르투갈어로 '낮은'이라는 뜻으로 '저지대'를 말한다. 대부분 언덕으로 이루어진 리스본 시내 중심가에서는 바이샤 지역이 관광객이 만나게 되는 거의 유일한 평지가 될 것이다.

 이 지역은 크기가 7~8만 평에 불과하여 국가 수도의 중심부라고 하기는 협소하다. 그러나 이렇게 좁은 공간 덕분에 빈틈없이 바둑판 모양으로 배열된 블록 위에 세워진 많은 건물과 그 사이를 지나는 작은 길들이 매력적인 광경을 연출한다. 바닥은 완전히 돌로 포장되어 있고, 주변의 건물들에는 전통 가게와 식당, 카페 등이 빽빽이 들어서 있다. 관광 안내소나 홍보관, 공식 기념품점 같은 관광 편의 시설도 이 지역에 다 있다. 걸어서도 충분히 돌아다닐 수 있어서 느긋하게 여행을 시작하기에 걸맞다.

이런 바이샤 지역의 중심에 호시우 광장이 있다. 호시우 광장에서 남쪽으로 걸어가다 보면 코메르시우 광장에 이르게 된다. 이 호시우 광장과 코메르시우 광장 사이가 좁은 의미에서의 바이샤 지구다.

이 지역은 1755년의 리스본 대지진 때 거의 파괴되었다가 당시의 재상이었던 폼발 후작이 계획적으로 재건했다. 그리하여 이 지역은 세계적으로 내진 설계가 적용된 최초의 사례로 꼽힌다. 폼발 후작이 선발한 건축가 에우제니우 두스 산투스Eugénio dos Santos와 카를루스 마르델Carlos Mardel은 파괴된 도시를 완전히 허물고, 내진 능력과 기능성과 미관을 모두 갖춘 새로운 도시를 설계하고자 했다.

두 건축가는 건물을 높이 올리는 대신 옆으로 넓힌 형태를 추구했다. 각 건물은 지진의 충격을 분산시키기 위해서 건물의 뼈대를 이루는 격자 틀을 대칭으로 설계하고 지붕의 높이를 낮추는 등 내진 설계에 공을 들였다. 건설 당시에 도로를 네모반듯하게 만들고 건물의 높이와 모양을 제한하는 계획을 발표하자, 이곳에 많은 지분을 갖고 있던 귀족들이 크게 반발했다. 그들은 각자 취향에 따라 개성 있고 다양한 건물을 짓고 싶었던 것이다. 그러나 폼발 후작의 의지는 단호하여 심지어 건물에 가문의 문장조차도 붙이지 못하게 했다.

계획은 일사천리로 진행되었다. 상인 계급과 중산층이 새로운 도시 건설에 협조했기에 가능한 일이었다. 결국 바이샤 신시가지의 건설은 도시의 주역이 귀족에서 상공인 계층으로 옮아가는 계기가 되었다. 귀족들은 새로 정비된 근대적 시설을 외면했고, 대신 상공인들이 몰려든 것이다. 이로 인해 리스본은 중세 도시를 탈피해 금융과 무역이 발달한 근대적 상업 도시로 자리 잡는다. 이러한 재정비 사업을 통해 리스본은 이탈리아의 토리노, 영국의 에든버러 등과 함께 계획된 시가지를 가장 완벽하게 보여 주는 대표적인 유럽 도시로 손꼽힌다.

바이샤 지구

리스본 대지진
Grande Terremoto de Lisboa

사건

리스본 대지진은 1755년에 포르투갈 왕국을 덮친 전대미문의 재앙으로, 진도 8.5~9.0에 해당하는 강력한 지진이었다. 그에 따른 화재와 해일로 리스본과 그 부근이 완전히 파괴되었다. 추성 사망자 수는 3만에서 10만 명으로, 역사상 가장 많은 사망자를 낸 지진이다. 리스본 대지진은 포르투갈에 정치적 위기를 초래했고 식민지 팽창 정책에도 심대한 장애를 끼쳤다. 또한 이 사건으로 계몽 철학자들이 신정론에 의문을 품게 되면서 근대 철학의 발전이 뒤따랐다. 더불어 최초로 조직적인 과학적 연구가 시작된 지진으로, 이 연구들은 현대 지진공학의 모태가 되었다.

지진은 1755년 11월 1일 만성절萬聖節 아침에 일어났다. 건물들이 수없이 붕괴하는 가운데 살아남은 사람들은 건물이 없고 트인 곳이 안전할 것이라고 판단하고 부둣가로 몰려갔다. 그러나 40분 뒤에 해일이 테주강을 역류해 밀어닥쳤다. 그 뒤로 화재가 발생하여 도시는 닷새 동안 밤낮없이 화염 속에서 불탔다. 지진으로 리스본만이 아니라 주변의 알가르브Algarve 지역까지 광범위하게 피해를 입었다. 지진과 그에 뒤따른 화재로 리스본 시내 건물의 85퍼센트가 파괴되었다. 테주강 옆의 리베이라 왕궁도 해일로 사라졌으며(오늘날 그 자리에 코메르시우 광장이 있다), 이때 궁전 안의 장서

7만 권과 미술품 수백 점이 소실되었다.

포르투갈 왕가는 해돋이 구경을 나갔다가 운 좋게 무사할 수 있었다. 포르투갈 왕 주제 1세는 이 일로 폐소공포증에 걸려 궁전으로 돌아오지 못했다. 대신 총리였던 폼발 후작의 지휘로 빠르고 강력한 뒷수습이 이루어졌다. 소방관들은 불길을 잡기 위해 사투를 벌였고, 노동자와 시민이 나서서 수천 구의 시체를 썩기 전에 바다에 수장했다. 질서를 유지하기 위해 군대가 동원되었으며, 절도죄 등으로 30명 이상을 공개 처형했다. 폼발의 재건 작업은 눈부실 정도로 신속하여, 큰 피해를 입은 바이샤 지구는 1개월 만에 완전히 철거되고 백지 상태에서 재건이 시작되었다.

"
리스본 대지진이 18세기 사회에 미친 영향은
홀로코스트가 20세기 사회에 끼친 영향에 비견된다.
"

대지진은 지식인들에게도 큰 영향을 끼쳤다. 마침 발흥하던 계몽주의로 인해 유럽의 지식인들은 목소리를 높였다. 볼테르는 『캉디드』와 『리스본 재앙에 관한 시』를 통해 라이프니츠가 주창한 '최선의 세계, 최선의 상태'를 공격했다. 가톨릭의 영향력이 가장 큰 도시 중 하나였던 리스본의 시민들이 만성절 아침 성당에 모여 기도를 올리던 도중에 깔려 죽고 불타 죽고 물에 빠져 죽었으므로, 자애로운 신의 존재를 외치던 라이프니츠는 물러날 수밖에 없었다. 유럽의 문화와 철학은 그때부터 인간 중심으로 바뀌었다.

아베니다 다 리베르다드 Avenida da Liberdade

'아베니다 다 리베르다드'는 리스본 바이샤 지역의 중앙부를 지나는 가장 넓은 대로다. 영어로 '리버티 애비뉴'에 해당하니, 말 그대로 '자유대로'다. 길의 폭이 무려 90미터로, 위쪽으로는 폼발 광장에서부터 아래쪽으로 헤스타우라도레스 광장까지 이어진다. 전체 길이가 1.1킬로미터로 보행자용 도로와 이중의 녹지대가 포함된 넓은 길이다. 시민들은 이곳을 습관적으로 '아베니다(애비뉴)'라고 부른다.

이 길은 리스본 대지진으로 파괴된 도시를 재건한 폼발 후작 프로젝트의 중심 도로로 1764년에 완성되었다. 처음에는 길 양편의 공원이 담으로 둘러싸여 있었는데, 그 후 여러 차례 개조하면서 주변에 많은 식물들을 비롯하여 분수며 폭포, 동상 등을 설치했다. 거리 양편으로 서 있던 많은 건물들이 철거되거나 개조되어 지금은 현대적인 사무실 빌딩과 호텔, 극장 등이 들어서 있다. 특히 거리 양편의 아래층에는 럭셔리 브랜드 매장들이 들어서 있어서 관광객들은 쇼핑을 위해 이곳을 찾기도 한다.

헤스타우라도레스 광장 Praça dos Restauradores

아베니다 다 리베르다드가 끝나는 곳에는 폭이 길보다 조금 넓어서 광장 같아 보이지 않는 '헤스타우라도레스 광장'이 나타난다. 60년간 스페인의 지배를 받았던 포르투갈은 1640년에 독립하는데, 당시 독립 운동에 앞장선 사람들을 기념하기 위해서 이런 이름을 붙였다. '광복광장' 내지는 '광복군광장' 정도로 번역된다. 광장 가운데에 세워진 30미터 높이의 오벨리스크에 1640년 전투의 기록이 새겨져 있다.

아베니다 다 리베르다드

직사각형 광장의 주변에는 19세기와 20세기 초에 지어진 멋진 건물이 많다. 그중에서 주목할 만한 것은 두 극장이다. 하나는 1931년에 지어진 에덴 극장Teatro Eden으로, 아름다운 외관을 가진 아르데코풍 건물이다. 하지만 현재 극장은 폐쇄되었고, 호텔로 이용 중인 건물은 원래의 모습을 많이 잃었다. 다른 하나는 1950년대에 세워진 모더니즘 건물인 상 조르즈 영화관Cinema São Jorge으로, 50년대 복고풍의 아름다움을 여전히 간직한 멋진 건물이다.

리스본의 지하철

리스본 하면 우리는 흔히 전차를 떠올리지만, 사실 현재는 지하철이 시민 수송의 중요한 부분을 담당한다. 다만 지하에 있어 보이지 않을 뿐이다. '메트로Metro'라고 불리우는 지하철은 네 개 노선이 있는데, 각기 색깔에 따라서 아줄Azul(파랑), 아마렐라Amarela(노랑), 베르드Verde(초록), 그리고 베르멜랴Vermelha(빨강)로 부른다. 중심부를 관통하며 지나는 것은 아줄이다.

아줄

아마렐라

베르드

베르멜랴

이렇게 색으로 표기돼 있지만, 실제로 불리우는 이름은 더 낭만적이다. 우리처럼 1호선, 2호선이라고 부르지 않고 각 노선에 붙은 상징의 이름을 부른다. 아줄 노선은 '갈매기', 아마렐라는 '꽃', 베르드는 '돛단배(배)', 베르멜랴는 '나침반'이다. 네 가지 상징과 도안은 아름다울 뿐만 아니라 리스본의 정신적 가치를 담고 있다. 즉 그들은 갈매기가 노니는 리스본에서 돛단배를 타고 바다로 나갔다. 그들은 나침반을 사용하여 세계의 바다를 돌았고, 이제는 카네이션(꽃) 혁명으로 자유를 찾았다. 그림만 외워도 지하철 노선을 확인할 수는 있겠지만, 가급적 그 의미도 기억해 두자. 그러면 지하철을 탈 때마다 리스본에 와 있다는 기분이 매번 되살아날 것이다.

호시우 광장 Praça Rossio

바이샤 지구의 중심은 '호시우 광장'이다. 광장 내에 27미터에 달하는 높은 기둥이 있는데, 그 위에 포르투갈 왕 동 페드루 4세의 동상이 서 있다. 그래서 이 광장의 정식 명칭은 '동 페드루 4세 광장 Praça Dom Pedro IV'이다. 원래는 호시우 광장이었지만, 1874년에 왕의 동상을 올린 후에 그 이름을 따서 광장의 이름을 바꾼 것이다. 하지만 리스본 사람들은 이에 아랑곳하지 않고 여전히 '호시우'라고 부른다. 길을 잃었거나 택시를 탈 때도 '호시우'라고 말하면 다들 알아듣는다.

이 광장에 서면 아름다운 풍경과 시원한 바람에 매료될 것이다. '리스본에 왔다'는 감탄이 절로 나온다. 아름다운 광장이지만 과거에는 종교재판장으로 쓰인 적도 있다. 이교도들을 화형에 처했던 어두운 역사

호시우 광장

도 이 광장의 일부다. 그 후로는 국가적인 축하나 명절 행사, 투우 등에 이용되었다. 하지만 지금은 주변을 둘러싼 카페와 가로수의 녹음 속에서 그저 평화로울 뿐이다.

칼사다 포르투게사 Calçada Portuguesa

호시우 광장에서 가장 인상적인 이미지는 주변의 풍경보다는 바로 당신이 밟고 있는 바닥일 것이다. 검은색과 흰색 타일을 섞어서 마치 물결이 일렁이듯이 기하학적으로 배치한 바닥은 그야말로 예술적이다. 한참을 내려다보고 있으면 멀미가 날 것도 같다.

이런 문양의 바닥은 포르투갈만의 특징으로서 '칼사다 포르투게사'라고 부른다. 호시우 광장 외에도 리스본 시내를 걷다 보면 거리나 광장 곳곳에서 물결무늬의 칼사다 포르투게사를 만나게 되니, 한 번 정도

칼사다 포르투게사

는 자세히 감상해 보자. 물론 다른 지방에서도 볼 수 있고, 포르투갈인들이 세운 마카오나 리우데자네이루 같은 도시에서도 만날 수 있다.

마리아 2세 국립극장 Teatro Nacional D. Maria II, TNDM

호시우 광장 북쪽에 파르테논 신전같이 서 있는 건물이 '마리아 2세 국립극장'으로, 한때 포르투갈에서 문화의 중심 역할을 했던 극장이다. 원래 이 자리는 에스타우스 궁전이 있던 곳으로, 16세기에 호시우 광장에서 거행되던 종교재판을 주도하던 종교재판소였다. 그러다가 외국 사절이나 귀족들을 위한 숙박시설로 이용되었다. 궁전은 1755년 대지진을 버텨냈지만 1836년 화재로 파괴되었다.

시인이자 극작가이며 또한 정치가이기도 했던 알메이다 가헤트 João Baptista da Silva Leitão de Almeida Garrett(1799~1854)가 그 궁전 터를 두고 "이제는

마리아 2세 국립극장

이곳에 시민을 위한 극장을 세워야 한다."라고 역설하여 극장이 들어서게 되었다. 극장은 여왕 마리아 2세에게 헌정되면서 그녀의 이름을 따랐고, 이탈리아 건축가 포르투나토 로디Fortunato Lodi가 고대 그리스 정신을 계승하는 뜻으로 디자인하여 1846년에 개관했다. 건물은 앞에 여섯 개의 이오니아식 기둥을 가진 팔라디오 양식으로, 포르투갈의 대표적인 신고전주의 건물이다. 극장 위에 서 있는 인물상의 주인공은 포르투갈의 극작가 질 비센트Gil Vicente(1464~1536)다. 극장은 1964년에 화재로 손상을 입어 1978년에 재개관했다. 원래 이 극장이 가지고 있던 오페라 공연장으로서의 역할은 현재 상 카를루스 극장이 가져갔으며, 지금은 연극을 중심으로 콘서트, 발레 등을 공연한다. 내부가 대단히 화려하고 아름답다. 들어가 볼 수 있다.

상 주제 병원 São José Hospital

마누엘 1세가 다스리던 1504년, 일반 시민들을 치료하기 위해 세운 종합병원이다. 독특한 아름다움을 자랑하는 외관이 이상적인 건물이다. 마누엘 양식의 아치형 갤러리 등이 볼만하다. 지금도 병원의 역할을 하고 있는데, 500년 전 중세 병원의 구조나 건축에 관심이 있는 사람이라면 찾아볼 가치가 있다. 호시우 광장에서 조금 떨어져 있다.

카사 두 알렌테주 Casa do Alentejo

뒷골목에 숨어 있어서 찾기가 쉽지 않다. 하지만 일단 입장만 하면 정교하게 잘 꾸며진 인테리어 때문에 안으로 들어갈수록 점점 놀라게 될 것이다. 가장 안쪽에 있는 안마당에는 잘 보존된 무어 양식의 아름

카사 두 알렌테주 내부

다움이 가득하다. 지금은 식당과 연회 등을 위한 여러 가지 용도로 대여하거나 식당으로 사용한다. 식당으로 분류되겠지만 음식이 좋다고 말할 수는 없으니, 건물 구경만 하고 나올 것을 추천한다.

독립 궁전 Palácio da Independência

호시우 광장의 북동쪽 모퉁이 근처에 위치한 상 도밍구스 광장Largo São Domingos에 있는 역사적인 건물이다. 18세기 초에 세워진 이 궁전은 붉은 외관으로 유명하다. 이 궁전에서 회합을 갖던 귀족들이 중심이 되어 스페인으로부터의 독립을 쟁취해서 '독립 궁전'이라고 부른다.

호시우 역 Estação Ferroviária do Rossio

　마리아 2세 국립극장을 바라보고 왼편으로 고개를 돌리면 커다란 말발굽 두 개로 장식된 특이한 출입구를 가진 건물이 보인다. 안타깝게도 지금은 미국 커피체인의 상호가 크게 붙어 있는 이곳이 '호시우 역'이다. 1887년에 건립된 호시우 역은 리스본의 중심부 가장 깊은 곳까지 기차가 오갈 수 있도록 하기 위해 만들어졌다. 건축가 주제 루이스 몬테이루José Luís Monteiro가 디자인한 역사驛舍는 개장 당시부터 이미 16세기

호시우 역

포르투갈 특유의 신마누엘 양식으로 명성을 떨쳤다. 앞서 말한 말발굽 모양의 입구 외에도 안에 들어가면 시계탑 등 인테리어 하나하나가 흥미로운 것들이다. 한때 '세계의 아름다운 기차역' 중 하나로 일컬어지기도 했다.

이 역은 개통 이후 오랜 기간 리스본의 중앙역 역할을 했다. 그러나 도시가 복잡해지면서 1950년대부터 장거리 운행 열차들이 산타 아폴로니아 역으로 옮겨가고, 호시우 역에는 교외선이라고 할 수 있는 신트라선만 남아 역의 기능이 축소되었다. 지금은 쇼핑센터가 들어와 있다. 하지만 건물만큼은 멋스러웠던 19세기 역의 낭만적인 추억을 여전히 간직하고 있다. 특히 주철로 된 거대한 지붕이 플랫폼 전체를 덮은 모습은 장관을 이룬다.

아베니다 팔라스 Avenida Palace

호시우 역 바로 옆에 있는 고색창연한 호텔이다. 지금은 리스본에 고급스러운 호텔들이 많이 생겼지만, 그런 호텔들이 생기기 전까지는 리스본 시내를 대표하는 호텔이었다. 1892년에 벨 에포크 양식으로 지은 건물로, 안으로 들어가면 웅장하고 화려한 로비를 볼 수 있다. 과거의 영화를 대변하는 이 로비는 구경할 만하다. 지금도 이곳에서는 주말이면 작은 콘서트가 열리곤 한다.

카페 니콜라 Cafe Nicola

호시우 광장은 200년 이상 리스본 사람들의 응접실과 같은 역할을 했다. 아름다운 바닥과 기분 좋은 가로수가 시민들의 꾸준한 사랑을 받

카페 니콜라

으면서 이 광장 여기저기에 유서 깊은 카페들이 생겨났다. 그 중 대표주자가 '카페 니콜라'로, 시인 마누엘 보카즈Manuel Maria Barbosa du Bocage가 자신의 거실처럼 이용한 곳으로도 유명하다.

카페 니콜라는 18세기 후반에 이탈리아에서 온 주인이 문을 열었다. 이곳은 이탈리아 스타일의 풍미 깊은 에스프레소와 과자 그리고 다양한 음식뿐만 아니라, 화려한 실내 장식으로도 유명했다. 문학가, 예술가, 정치가들이 이곳을 이용했는데, 그 후로 '정계의 소문을 듣거나, 봉기를 조직하거나, 그도 아니면 최소한 시인 보카즈의 새로운 시 한 구절을 남보다 일찍 듣고자 하는 사람이라면 니콜라에 와야 한다'는 말이 생길 정도로 다양한 사람들이 이곳을 찾았다. 그러나 전성기를 구가하던 니콜라는 나폴레옹의 침략으로 막을 내렸다. 프랑스 장교들이 이곳을 아지트로 사용했기 때문이다. 1808년 프랑스 군대가 물러갔을 때도 이곳 니콜라에서 독립 기념 파티가 열렸다. 그런 만큼 니콜라는 근대 리스본의 역사가 이루어진 장소라고도 할 수 있다. 지금의 니콜라는 1929년에 이곳으로 옮겨온 것이다.

이제 니콜라는 더 이상 과거의 화려한 면모를 자랑하지는 않는다. 하지만 이곳에서 과거 리스본 시민들이 시를 읊고 봉기를 계획하고 독립을 축하하고 사랑을 주고받았다는 사실은 변하지 않는다. 여전히 아르데코풍 천장 아래 앉아서 호시우 광장을 바라볼 수 있고, 니콜라 특유의 진한 커피를 마실 수 있다. 배가 고프면 신선한 해산물 요리를 시켜 먹을 수도 있다. 운이 좋으면 저녁에는 파두 한 가락을 들을 수도 있다. 뭔들 못하겠는가? 여기는 리스본이며, 당신은 카페 니콜라에 앉아 있다.

파스텔라리아 수이사 Pastelaria Suiça

호시우 광장 서편에 카페 니콜라가 있다면, 그 건너 동편에 자리하고 있는 대표 카페는 '파스텔라리아 수이사'다. 파스텔라리아라는 말처럼 원래 이곳의 정체는 페이스트리pastry 가게였다. 그리고 수이사가 스위스를 가리키는 말이니, '스위스 과자점' 정도로 번역할 수 있겠다. 호시우 광장에 나온 사람들은 이곳의 커피와 과자를 먹으면서 삶을 즐겼다. 그러면서 독재 정권에 대항할 계획을 세우는 한편 사랑을 속삭였다. 수이사는 그런 역사를 여전히 자랑하고 있는데, 그만큼 이 카페는 '자유 정신의 산실'로도 알려져 있다.

수이사는 1922년에 '카사 수이사Casa Suissa'라는 이름으로 설립되어 인기를 누렸다가 페이스트리와 과자를 알리기 위해 지금의 상호로 바꾸었다. 제2차 세계대전 당시 리스본을 택한 스위스 망명자들에 의해서 스위스 과자는 더욱 번성했다. 이곳의 과자는 한때 포르투갈에서 최고로 알려지기도 했으며, 1956년 최초로 열린 전국 과자경연대회에서 금메달을 수상했다. 카페가 광장 동편에 있는 덕에 겨울에 사람들은 오후가 되면 니콜라에서 수이사로 자리를 옮겨 햇볕을 쬐었다고 한다. 즉 동쪽의 수이사, 서쪽의 니콜라 두 카페가 광장의 인기를 양분했던 셈이다.

이곳은 아직도 제2차 세계대전 당시의 모습을 간직하고 있다. 당시 발간된 많은 책이 이곳을 언급했으며, 낭시를 배경으로 한 첩보영화나 드라마가 아직도 이곳에서 촬영되곤 한다. 지금은 카페도 쇠락하고 사람들의 입맛도 변했지만, 여전히 예전 그 자리를 지키고 있다.

아 진지냐 A Ginjinha

호시우 광장 동북쪽 한쪽 귀퉁이에서 좀 들어간 곳에 있는 작은 바Bar가 '아 진지냐'다. 리스본에서 가장 오랜 역사와 전통을 자랑하는 바다. 벌써 5대째가 운영 중이며 진지냐라는 이곳만의 독특한 술을 즉석에서 만들어 준다. 일종의 체리 리큐어로 맛이 달짝지근하다. 이 맛이 하도 유명해서 예전에는 '진지냐를 마셔 보지 않았다면 리스본에 온 것으로 쳐 주지 않는다'는 말까지 있었다고 한다.

1유로 정도면 한 잔을 마실 수 있으며, 선 채로 들이키면 된다. 고색창연한 인테리어와 낡은 술잔과 술을 만들어 주는 노인까지 모두가 낡은 가구 같다. 칵테일이나 포르투갈 맥주 그리고 포트와인 또는 유명한 비뉴 베르드(숙성되지 않은 '어린' 와인)도 맛볼 수 있다. 오다가다 한 잔씩 계속 마셔 대는 현지인도 있다. 대낮부터 한잔 걸치고 나오면 호시우 광장이 더욱 아름답게 변해 있을 것이다.

상 도밍구스 성당 Igreja de São Domingos

호시우 광장 뒤편, 즉 동북쪽 뒷골목의 진지냐 뒤에 있는 성당이 '상 도밍구스 성당'이다. 독특한 분위기를 만끽하려는 방문객들이 줄을 선다. 안에 들어가면 거의 무너질 것 같은 분위기가 보는 사람을 압도한다. 이곳은 리스본 대지진 때 엄청난 피해를 입었으며 그만큼 인명 피해도 컸다. 그 후로 교회는 재건에 노력을 기울였지만, 지진이 할퀴고 간 흔적은 그대로 두었다. 그런데 1959년에 또 한 번 화재가 발생해서 교회는 다시 한 번 큰 피해를 입었다. 그때도 교회는 화재의 상처를 그대로 두기로 했다.

1994년에 지붕만 보수한 상태로 부서지고 불탄 성당을 일반에 공개했다. 숱한 외적 고통을 받았지만 그 고통을 견디면서 버티고 서 있는 성당은 다른 성당에서는 느낄 수 없는 독특한 감동을 안겨준다.

콘페이타리아 나시오날 Confeitaria Nacional

리스본에는 과자 가게가 많지만, 그중에서도 손꼽히는 가게다. 호시우 광장에서 피게이라 광장으로 넘어가는 길목에 멋진 차양을 드리운 건물이 눈에 띈다. 밖에서 보아도 고급스럽고 고색창연한 쇼윈도의 자태가 이 가게가 범상치 않음을 말해 준다. 안에 있는 사람들은 줄을 지어 케이크를 고르고 있고, 앉을 자리도 별로 보이지 않는다. 2층에 가면 자리가 있지만, 그마저 기다려야 할 수도 있다. 만약 케이크 한 조각만 먹을 거라면 그냥 광장 구석에서 쭈그리고 앉아 먹는 방법도(물론 허리를 펴고 먹어도 되지만) 나쁘진 않다. 그렇게라도 먹어 볼 가치가 있다.

1829년에 과자 장인인 발타자르 루이스 카스타네이루Balthazar Roiz

콘페이타리아 나시오날

Castanheiro가 문을 열었는데, 솜씨가 뛰어나 10년 만에 가게를 확장했다. 1869년 그가 사망하고 가게를 이어받은 그의 아들은 2층에 티룸을 여는 등 가게를 넓혔으며, '볼루 헤이Bolo Rei'라는 케이크 제조법을 프랑스에서 들여와 큰 인기를 끌었다. 그 후로 리스본의 다른 과자점에서도 볼루 헤이를 만들기 시작하면서 여러 가게에서 다양한 버전의 볼루 헤이가 나왔다. 그럼에도 나시오날의 명성은 여전하다.

1873년 동 루이스 1세는 이곳을 왕실 과자 공급업체로 선정했는데, 이 자격은 1910년 포르투갈 공화국이 들어설 때까지 이어졌다. 하지만 공화국 혁명 이후에도 가게의 명성은 시들지 않았다. 특히 독재자 살라자르는 왕족 이상으로 이 가게를 열렬히 애호했다.

피게이라 광장 Praça da Figueira

나시오날에서 좀 더 동쪽으로 고개를 돌리면 호시우 광장 뒤편으로 또 하나의 네모난 광장이 나온다. 바로 '피게이라 광장'이다. 가운데에 주앙 1세의 기마상이 있는 이 광장에는 전차들과 작은 톡톡, 택시와 마차 등 다양한 탈것들이 줄을 지어 있다. 이전부터 이곳은 여러 교통 기관들이 바이샤 지역과 시내의 다른 지역을 이어 주는 플랫폼 역할을 했다. 또한 이곳에는 주로 꽃이나 과일 등을 파는 노점상들이 들어서기도 하는데, 겨울에는 군밤도 판다.

산타 주스타 엘리베이터 Elevador de Santa Justa

지대가 낮은 바이샤 지구에서 언덕 위의 바이루 알투 지역으로 쉽게 이동할 수 있는 방법은? 바로 공공 엘리베이터다. 이 엘리베이터는 호시우 광장에서 코메르시우 광장으로 걸어가다 보면 오른편에 높은 탑처럼 나타난다. 산타 주스타 거리 Rua de Santa Justa에 있어서 이런 이름으로 불리는데, 이 엘리베이터를 타고 꼭대기에 가서 내리면 카르무 광장 Largo do Carmo이 펼쳐진다. 바이샤 지구와 바이루 알투 지구를 이어 주는 엘리베이터가 몇 대 더 있지만, 다른 것들은 이름만 엘리베이터일 뿐, 사실상 케이블카다. 수직으로 올라가는 리프트는 이 엘리베이터가 시내에서 유일하다. 또 한 대 수직 엘리베이터가 상 줄리앙 São Julião에 있었으나 지금은 철거되었다.

'산타 주스타 엘리베이터'는 1902년부터 운행했다. 처음에는 증기로 움직였지만, 1907년에 전기로 바뀌었다. 지금은 도시의 전차를 운행하는 카리스사社에서 트램과 함께 통합하여 운영 중이다. 높이가 45미터

산타 주스타 엘리베이터

에 달하는 꼭대기에는 전망대가 있다. 아침부터 저녁까지 유료로 운행하는데, 리스본 카드가 있으면 무료로 이용할 수 있다.

이 엘리베이터는 리스본을 언급한 여러 문학작품에도 묘사되어 있다. 작가 페소아는 "엘리베이터에서 보는 전망은 출신지를 막론하고 세계 관광객의 찬탄을 자아낸다"고 했다. 이 엘리베이터와 건물은 당시의 새로운 건축재였던 강철을 사용한 것으로, 1900년대 초 철골 문화를 대표하는 신고딕 양식의 건축물이다. 에펠탑을 설계한 에펠의 조수였던 라울 메스니에르Raoul Mesnier du Ponsard가 설계를 맡아 에펠탑과 같은 철골조로 지어졌다. 지금은 국가기념물로 지정되어 있는데, 수리나 개조가 만만치 않아 운영과 유지에 애를 먹고 있다고 한다. 현재 29인승 리프트 두 대가 운행 중이다. 만약 기다리는 줄이 너무 길면 그냥 걸어 올라간 다음 내려올 때만 타는 것도 좋은 방법이다.

아우구스타 거리 Rua Augusta

피게이라 광장을 지나 좀 더 내려가면 좁은 도로가 바둑판처럼 퍼져 있는 지역이 나온다. 남북 방향으로 뻗은 다섯 개의 도로 주변으로 많은 가게가 늘어서 있다. 이 건물들은 폼발 후작의 재건 계획에 의해 다들 비슷한 모양과 같은 높이로 세워졌다.

이 도로들 중 한가운데에 있는 넓은 도로가 '아우구스타 거리'다. 보행자 전용인 이 도로는 인근 도로망의 중심축을 이루며, 이 일대를 이 도로 이름으로 부르기도 한다. 오후가 되면 카페와 식당들이 노천 테이블을 설치하고, 저녁이 되면 그 분위기도 한껏 달아오른다. 낡은 아줄레주로 장식된 이곳의 건물들 속에 앉아 있으면 과거의 포르투갈 속으로 들어와 있다는 느낌이 강하게 든다. 잠시 쉬면서 리스본에 온 흥분을 달래 보자. 주변에는 대중 브랜드의 가게와 기념품점이 많지만, 잘 살펴보면 오래된 진짜 리스본 가게들도 있으니 그곳들을 잘 찾아야 한다.

무데 MUDE

바이샤 지구의 고색창연한 아우구스타 거리 가운데에 최근 새로운 박물관이 생겼으니, 2009년 '무데'라는 이름으로 문을 연 '디자인과 패션 박물관Museum of Design and Fashion'이다. 과거 은행 건물을 개조하여 개장했다. 경제학자인 컬렉터 프란시스코 카펠로Francisco Capelo의 개인 수집품을 중심으로 19세기 중반부터 현대에 이르는 디자인과 패션 분야의 전시물이 모여 있다. 다만 전시물이 대단하지는 않다.

코메르시우 광장 Praça do Comércio

리스본에 도착하면 가장 먼저 가 보는, 아니 가 보아야 하는 곳이다. 다른 곳에 가고 싶어도 꾹 참고 이곳을 먼저 찾기를 권한다. 저녁에 도착했으면 다음 날 아침이라도 좋고, 낮에 도착하여 시간이 있다면 짐을 숙소에 던져 놓고 이곳으로 가자. 숙소에서 나와서 골목을 지나 큰길을 지나고 광장을 건너고 다시 또 광장을 건너고 좌우로 건물이 쭉 늘어선 길을 따라서 걷는다. 그냥 열심히 걷는다. 방향은? 바다다. 바다 냄새를 따라 걷는다. 그러다 보면 탁 트인 광장이 눈앞에 펼쳐진다. 삼면이 화려한 건물로 둘러싸이고 한 면만 바다에 접해 있다. 이곳이 '코메르시우 광장'이다.

처음 이곳에 도착했을 때의 감동은 말로 형언할 수 없다. 카메라에

담을 수도 없다. 풍경뿐 아니라 모든 감각을 통해 감동이 전해져오기 때문이다. 바다 앞으로 걸어가자. 첫 느낌은 유럽의 끝에 왔다는 기분일 것이다.

그러나 사실 여기는 유럽의 끝도 아니고(끝은 사실 따로 있다) 눈앞의 물도 바다가 아니라 실은 강(하지만 바다나 다름없는 짠물)이다. 하지만 그런 것에 상관할 바가 아니다. 끝이라고 여기는 편이 더 옳을 것이다. 마음이 흐르는 대로 따라가자. 많은 사람들이 바다, 아니 테주강을 바라본다. 바닥에 앉기도 하고, 난간에 걸터앉기도 하고, 어떤 젊은이들은 광

코메르시우 광장

장에 드러눕기도 한다. 어떤 사람은 좋아서 폴짝폴짝 뛰는가 하면, 누구는 발을 물에 담그기도 한다. 많은 사람들이 이곳을 보려고 이 도시에 온다. 이곳이 리스본의 상징이며, 세상의 끝에 위치한 광장이다. 오랫동안 이 감흥을 느끼고 간직해 보자.

이곳은 1755년 리스본 대지진 때 완전히 파괴되었다가 폼발 후작의 계획으로 새롭게 설계되었다. 광장 주위를 건물들이 'ㄷ'자 모양으로 에워싼다. 각 건물의 1층은 광장을 바라보면서 로지아 형태의 아케이드를 이루며, 여기에 카페와 식당, 그리고 관광 안내소와 전시장과 기념품 상점들이 들어서 있다.

광장의 한가운데에는 커다란 기마상이 서 있다. 주제 1세의 상으로

조각가 조아킹 마사두 드 카스트루Joaquim Machado de Castro의 작품이다. 광장 뒤편의 개선문 같은 아치는 1875년에 만들어진 '승리의 아치'로, 거리의 이름을 따서 '아우구스타 거리 아치Arco da Rua Augusta'라고도 부른다. 아치 위에 전망대가 있는데, 엘리베이터를 이용해 올라갈 수 있다.

이곳은 역사적인 사건이 일어난 곳이기도 하다. 1908년 당시 포르투갈의 왕이던 카를루스 1세와 왕실 가족이 이곳을 지나다가 왕정을 반대하는 공화주의자인 알프레두 루이스 다 코스타Alfredo Luís da Costa와 마누엘 부이사Manuel Buiça가 쏜 총에 맞는다. 왕과 왕세자는 사망하고 둘째 왕자 등이 부상을 입었다. 이 사건으로 둘째 왕자가 열여덟의 어린 나이에 마누엘 2세로 즉위한다. 하지만 불과 2년 후에 포르투갈은 오랜

코메르시우 광장

왕국 사회를 청산하고, 드디어 포르투갈 제1공화국이 발족한다. 왕정과 귀족 정치를 청산한 기념비적인 역사가 바로 이 광장에서 시작된 셈이다. 한편 광장의 이름은 그와는 별로 상관이 없다. 이 지역을 부흥시킨 상공업자들을 기리고 무역도시 리스본의 번영을 기원하는 의미에서 '상업 광장' 즉 코메르시우 광장으로 명명되었다.

마르티뉴 다 아르카다 O Martinho da Arcada

코메르시우 광장 주변으로 식당이 몇 개 있지만, 어느 곳이 좋은지 몰라 들어가기가 망설여질 것이다. 그중 약간 구석에 있는 '마르티뉴 다 아르카다'가 저명한 업소다. 이곳은 식당 겸 카페라고 할 수 있는데, 1782년에 문을 열었으니 리스본에서 가장 오래된 카페다.

이곳은 특히 페르난두 페소아가 즐겨 찾던 곳으로, 그는 여기서 식사며 독서를 즐겼다. 흔히들 페소아가 '아 브라질레이라'에 주로 다닌 것으로 생각하지만, 평생 무역회사 사무원으로 살았던 그의 사무실이 이 부근이어서 그는 거의 매일 여기서 식사를 하거나 커피 혹은 압생트를 마셨다고 한다. 페소아의 팬이라면 한번쯤은 이곳에 앉아 광장을 바라보면서 광장 너머 테주강의 분위기를 느껴 보자.

바이루 알투 및 시아두 지구

바이루 알투 및 시아두

'바이루 알투Bairro Alto'는 '높은 지역'이라는 뜻으로 바로 옆에 있는 '낮은 지역'인 '바이샤'와 대조를 이룬다. 바이샤 바로 서쪽의 언덕 지역을 일컫는 이곳은 길이 가팔라서 걸어서 올라가기가 쉽지 않다. 노란 전차도 거친 숨을 내뿜으며 씩씩거리면서 올라가는 것처럼 보인다. 이 일대에는 서민 노동자들이 많이 살아서 그들만의 독특한 분위기를 자아낸다.

한편 바이루 알투 옆의 세련된 상업 지역을 '시아두Chiado'라고 부른다. 시아두라는 지명은 1567년부터 쓰였다고 한다. 시아두는 처음에는 현재 시아두의 중심가인 가헤트 거리Rua Garrett와 카르무 거리Rua do Carmo를 일컫다가 점차 주변 지역까지 아우르게 되었다. 시아두라는 이름은 거리에서 시를 읊던 거리의 시인 안토니우 히베이루에서 유래한다. 그는 늘 목에서 씩씩거리는 소리가 나서(폐질환을 앓았을 것이다) '시아두(씩씩거리다)'라는 별명으로 불렸는데, 그 별명이 그가 시를 읊던 동네의 이름이 된 것이다. 1925년에 시인의 동상이 시아두 광장 한복판에 세워졌다. 이제 그는 씩씩거리는 일 없이 이 동네를 지키고 있다.

시아두 지역에 사람이 살기 시작한 것은 늦게 잡아도 로마시대 때부터라고 한다. 이후 농업 지역과 수도원 지역을 거쳐 16세기에 상업지구로 발전했다. 18~19세기를 거치면서 시아두는 고급 상업 지역으로 발전했고, 지금도 당시에 세워진 명망 높은 가게들이 있다. 현재는 리스본의 대표적인 고급 쇼핑 지역 중 하나다. 또한 이때부터 귀족을 비롯하여 지식인과 예술가의 집합 장소로도 알려졌다. 지금 시아두의 영향력은 그 전성기에는 미치지 못하지만, 그래도 여전히 이름값을 하고 있다. 세련되고 예쁜 가게와 식당 그리고 파두하우스들이 구석구석 숨어 있다.

리스본의 전차

리스본의 상징은 전차다. 언덕을 오르는 노란 전차. 물론 노면路面 전차가 다니는 도시는 많다. 세계의 400여 도시에 노면 전차가 있다고 한다. 하지만 전차 하면 가장 먼저 떠오르는 도시는 리스본이다. 리스본의 전차는 다른 도시의 전차와는 비교할 수 없을 만큼 예쁘다. 흔히들 트램이라고 부르지만 리스본 전차는 오래된 이름 '전차電車'가 어울린다. 나는 다른 도시에서는 전차가 예쁘다는 생각은 해 본 적이 없다. 그런데 리스본의 전차는 쇳덩어리가 아니라, 마치 살아 있는 생물같이 귀엽다. 꼭 수중동물 매너티처럼 느껴진다. 이유가 뭘까?

첫째, 노란색이어서 그럴 것이다. 그런데 노란색은 차량의 아랫부분에만 칠해져 있고 위에는 티셔츠를 입힌 듯 흰색이다. 노란색도 뉴욕 택시와 같은 진노랑이 아니라 연노랑인데, 이 색깔이 친근감을 준다. 역시 세계 모든 도시의 전차들 중에서 가장 아름다운 색은 리스본 전차의 색깔이다.

둘째, 전차 앞면의 표정이 귀엽다. 특별한 디자인도 없이 단순하고 노란 얼굴에 헤드라이트도 좌우 양쪽에 두 개가 아니라 한가운데에 하나만 있어서, 그야말로 레트로 디자인의 정수다.

셋째, 전차의 앞뒤 길이가 유달리 짧다. 이 길이의 비율이 전차를 귀엽게 만드는 요소다. 리스본의 언덕으로 올라가는 길은 좁고 커브가 많은데, 다른 도시들처럼 긴 전차를 쓰면 회전 반경이 커져서 운행이 어렵기 때문이다.

넷째, 역시 길이가 짧은 것과 연관이 있는데, 아래 바퀴를 살펴보면 앞뒤 바퀴 사이도 간격이 유난이 짧다는 것을 알 수 있다. 역시 비탈이나 좁은 길에서 회전 반경을 줄이기 위함이다. 이렇게 바퀴의 앞뒤 간격이 좁으니, 전차가 커브를 틀 때는 뒤뚱거리듯 도는 모습이 귀엽다.

다섯째, 역시 전차 너머로 펼쳐진 풍경이다. 고색창연한 리스본의 회색빛 건물들을 배경으로 달리는 모습이 아름답다. 특히 평지가 아닌 좁은 비탈길을 오르내리는 모습 역시 리스본만의 매력이다.

리스본에 전차가 놓인 것은 1873년으로, 150살이 다 되어간다. 처음에는 말이 객차를 끌었으니까 엄밀한 의미의 '전차'는 아니다. 1901년부터 전기로 움직였다. 이렇게 오래된 리스본의 전차는 도시의 상징일 뿐만 아니라 실제로 시민의 발이 되었다. 전차가 없었다면 높은 언덕을 어떻게 오르내릴 수 있었을까? 다른 편평한 도시와는 달리 리스본에서 전차는 필수 불가결한 탈것으로 시민들에게 사랑받았다. 이렇게 리스본의 전차는 점점 발전하고 늘어나서, 가장 번성한 해인 1959년에는

노선이 27개나 되었다.

그 후로 전차의 역할을 버스가 물려받게 되면서 전차 수는 줄어들 수밖에 없었는데, 이제는 지하철까지 놓여서 전차의 입지는 급격히 줄어들었다. 현재 남아 있는 것은 여섯 개의 노선뿐이다. 이들 노선은 대부분 도시의 남쪽, 즉 바이샤 지구를 중심으로 바이루 알투와 알파마의 언덕을 운행한다. 이제 상징적인 존재에 가까워진 전차는 대개는 리스본을 찾는 방문객들을 대상으로 운행한다. 그중에서도 가장 인기가 많은 노선은 바이루 알투와 알파마 지역을 한꺼번에 오고가는 유일한 노선인 28번이다.

리스본의 언덕을 느껴 보고 싶다면 먼저 28번 전차를 타 보는 게 좋다. 또한 15번 노선은 도심과 서쪽에 있는 부두를 잇는 것으로, 버스보다 편리하고 빨라서 여전히 많은 시민들이 이용하고 있다. 요즘은 노란색이 아닌 빨간색이나 초록색 전차도 다니는데, 주로 관광객용이다. 일종의 '홉온 홉오프Hop-on Hop-off 버스'나 '시티투어 버스'에 해당하는 것이다. 그러니 아무래도 노란 전차를 타야 진짜 리스본 전차 체험이라 하겠다. 최근 리스본 시장은 전차를 줄인 정책을 반성하면서 "앞으로 전차를 계속 유지하는 방향으로 갈 것"이라고 발표했다. 다행히 리스본의 전차는 당분간 사라지지 않을 것 같다.

카몽이스 광장 Praça Luís de Camões

시아두 지역의 중심 광장이다. 작은 광장 주위로 28번 전차가 돌면서 지나가므로 전차를 타면 만날 수 있다. 이 광장에서 시아두 관광을 시작한다고 보면 된다. 한쪽에는 명품 상점과 유서 깊은 고급 상점들이 늘어서 있고, 반대편 비탈진 곳으로는 파두하우스와 식당과 카페가 즐비해서 다양한 문화를 만나볼 수 있다.

광장의 이름을 차지한 루이스 바스 드 카몽이스는 16세기의 시인이며, 광장 내에는 시아두라는 이름의 주인공인 안토니우 히베이루와 작가 페르난두 페소아의 동상도 있다. 길거리 공연을 하는 아프리카 청년들의 시끄러운 음악을 들을 수도 있는데, 야외 카페에 앉은 어른들이 그 소리에 아랑곳하지 않고 독서에만 열중하는 모습이 재미있다.

카몽이스 광장

루이스 바스 드 카몽이스
Luís Vaz de Camões, 1524~1580

인물

　루이스 바스 드 카몽이스는 포르투갈 역사상 최고의 시인이다. 리스본에서 태어난 그는 코임브라 대학에서 공부하고, 20대에 북아프리카 전투에서 한 눈을 실명했다. 귀국 후 상해죄로 체포되어 옥중에서 서사시 『우스 루지아다스Os Lusíadas』 1편을 집필한다. 이후 마카오에 근무하면서 『우스 루지아다스』 전6편을 완성한다. 직무 태만으로 체포되어 호송되던 중 메콩강에서 조난당해 『우스 루지아다스』의 초고를 한 손에 쥐고 헤엄쳐 나온다. 고아에서 체포되었으나 우여곡절 끝에 『우스 루지아다스』는 출판되었다. 그는 뛰어난 재능에도 불구하고 기구한 삶을 살았으며, 만년에도 빈곤과 질병으로 고생하다가 리스본에서 파란만장한 생을 마쳤다.

"
포르투갈 역사상 가장 위대한 시인
"

　『우스 루지아다스』는 이베리아반도의 서쪽에 살았던 바스쿠의 아들 루조의 자손인 '루지타니아 사람'을 가리키는 말로, 포르투갈 사람이라는 뜻이다. 바스쿠 다 가마의 인도 항로 발견을 축軸으로 포르투갈의 역사와 신화를 극적으로 엮어 조상의 영웅적 위업을 찬양하는 애국적 대서사시로, 포르투갈 국민의 경전이라고 불릴 만큼 높은 정신성을 지닌 민족 문학이다.

안토니우 히베이루

António Ribeiro, 1520~1591

인물

안토니우 히베이루는 본명보다는 그가 씩씩거리면서 시를 읊던 소리를 따서 '시아두O Chiado' 또는 '시인 시아두O Poeta Chiado'라는 별명으로 불렸던 유명한 시인이다. 위대한 민족시인인 루이스 바스 드 카몽이스와 같은 시대를 살았지만, 같은 광장에 서 있는 두 사람의 동상 생김새가 판이한 것만큼 실제 두 사람의 세계도 아주 달랐다. 즉 히베이루는 길거리의 풍자시인으로, 농담과 유머로 점철된 밑바닥 세상의 예술가였다.

"
풍자와 해학으로 가득한 '시아두'의 영혼
"

그는 에보라의 미천한 계층 출생으로 수도회에 들어가서 공부했으며, 수도회를 떠나 리스본으로 와서 시인으로 활동했다. 시아두 지역에서 활동하여 오늘날 이 지역이 시아두라고 불리게 되는 이름을 제공한다. 그는 주로 거리에서 자작시를 낭송하면서 세상을 노래하고 풍자했는데, 시의 내용뿐만 아니라 당시 유명 인물들의 행동이나 습관, 심지어 목소리까지 흉내내 인기를 누렸다. 그는 수도원을 나온 후에도 평생 수도사처럼 철저한 생활 습관을 지켰으며 일생을 독신으로 살았다. 오늘날 그의 동상은 지나가는 사람들을 향해 특유의 제스처로 시를 음송하는 모습으로 서 있다.

비스타 알레그레 Vista Alegre

카몽이스 광장에는 검정 차양 밑에 검정을 주조로 한 고급스러운 가게가 하나 있다. 쇼윈도를 들여다보면 예쁜 그릇이 가득하다. 여기가 포르투갈의 대표적인 도자기 회사 '비스타 알레그레'다. 리스본 곳곳에서 다양한 아줄레주를 만나다 보면 이곳에 유서 깊은 도자기 문화의 전통이 있음을 짐작할 수 있을 것이다. 유럽의 여러 나라를 여행하다 보면 대부분 그들이 자랑하는 대표적인 도자기 브랜드가 하나씩은 있는데, 포르투갈의 대표주자가 바로 비스타 알레그레다.

비스타 알레그레는 1824년에 포르투 부근의 작은 마을 일랴부Ílhavo에서 창설된 도자기 회사다. 1815년에 창업한 공방에서 유리그릇을 비롯해 여러 가지 물건을 만들었는데, 동 주앙 6세의 명령으로 1824년부터 도자기 그릇을 생산하기 시작하면서 '비스타 알레그레'라는 상표를 붙였다. 그로부터 5년 후에 왕실 도자기 공급회사로 지정되었다. 1830년대에는 도자기에 그림을 그리는 화가를 육성하기 위해서 회사에서 미술학교를 창설했다. 그리하여 비스타 알레그레는 특히 섬세하고 예쁜 그림을 그려 넣은 그릇으로 알려졌다. 특히 각종 풍경이나 꽃, 인물 그림으로 찬사를 받았다. 1880년부터 유리그릇 제품의 생산을 중단하고 도자기 회사로서의 전문성을 살려 현재 포르투갈을 대표하는 도자기 회사가 되었으며, 지금도 현대적인 디자인을 계속 선보이고 있다.

2001년에 비스타 알레그레는 아틀란티스 그룹에 합병되어 비스타 알레그레 아틀란티스 그룹이 되었다. 이 그룹은 도자기 분야에서 세계 6위의 그룹으로 연간 1,000만 점의 도자기를 생산한다. 비스타 알레그레 도자기는 세계 곳곳의 백화점에서 볼 수 있지만, 리스본에서 만나는 제품 라인은 특별하다. 특히 리스본이나 포르투 등의 도시 풍경을 그린 아름다운 그릇 등은 오직 포르투갈에서만 구할 수 있다. 품질에 비해서 가격이 그리 비싸지 않아서 기념품으로 적극 추천한다. 집에서 커피를 마실 때마다 그리운 리스본 거리가 생각나지 않을까?

카페 아 브라질레이라 Cafe A Brasileira

시아두 지역에서 가장 유명한 카페다. 날마다 입구에서 사진을 찍으려는 관광객들로 북새통을 이룬다. 특히 관광객들은 노천 테이블에 있는, 이 집의 단골이었던 작가 페르난두 페소아의 좌상坐像과 함께 사진을 찍기 위해 줄을 선다. 사진도 좋지만 최소한 페소아를 한 권이라도 읽고는 가야 할 것이다. 하지만 '카페 아 브라질레이라'의 진정한 가치는 페소아가 아니다.

1905년에 아드리아누 텔레스Adriano Teles가 진짜 브라질 커피를 시민들에게 제공하기 위하여 이러한 이름을 단 카페를 열었다. 브라질에서 살던 그는 진한 브라질 커피인 '비카bica'를 홍보하기 위해 커피를 마신 고객에게 원두 한 봉지씩을 무료로 나눠 주었다.

카페는 1922년에 건축가 주제 파세코José Pacheco의 설계로 실내를 개조했는데, 녹색과 금색을 기조로 한 고급스러운 아르데코 양식의 인테리어가 인기를 누렸다. 특히 1910년 포르투갈 공화국의 성립을 전후로 이 카페는 리스본의 지식인과 문인, 예술가들의 회동 장소가 되었다. 한마디로 이곳은 리스본 카페 문화의 상징이었다. 카페는 1970년대에 들어서면서 쇠락했고 재정의 위기를 겪으면서 문을 닫을 지경까지 갔지만, 1993년에 인테리어를 이전 모습으로 복원하고 새롭게 인기를 얻

카페 아 브라질레이라

고 있다. 카페 현관을 장식하는 아치형의 전면을 비롯하여 실내 장식 특히 커피와 관련 있는 소품과 그림들이 흥미롭다.

　이곳은 페르난두 페소아를 비롯하여 소설가 아킬리누 히베이루 Aquilino Ribeiro, 작가 알프레두 피멘타 Alfredo Pimenta 같은 문인들의 단골집이었다. 특히 페소아는 이곳 테이블에 앉아 책을 읽거나 원고를 썼다고 하는데, 그래서 그를 기리기 위해 테라스에 앉아 있는 페소아 동상을 만들었다. 하지만 사실 페소아는 코메르시우 광장의 마르티뉴 다 아르카다를 더 애용했다. 지하에는 같은 이름의 식당이 운영 중인데 음식은 이전만 못하다.

갈레리아 드 아르테 시아두 8 Galeria de Arte Chiado 8

카페 아 브라질레이라 건너편에 있는 갤러리다. 이 건물은 과거 귀족의 저택이었다가 지금은 보험회사 건물로 쓰인다. 2002년 시아두 재건 사업에 이 회사가 참여하면서 건물 내에 현대미술 갤러리를 만든 것이다. 먼저 전시 프로그램을 보고 관심 있는 전시가 열리고 있다면 들어가 볼 만하다.

베르트랑 서점 Livraria Bertrand

시아두의 중심에 자리 잡고 있는 베르트랑 서점 시아두점Livraria Bertrand Chiado은 세계에서 가장 오래된 서점이다. 1732년에 설립된 베르트랑 서점은 책을 파는 곳일 뿐만 아니라 당대의 지성들이 문학모임을 열고 세상사를 논하던 곳이기도 하다. 그들은 서점 한쪽에서 직접 출판도 했다. 그 후로 서점은 여러 번 경영 위기를 겪고 주인도 몇 번이나 바뀌었지만, 처음의 이름만큼은 여전히 지켜 왔다.

베르트랑 서점Bookstore Bertrand 체인은 포르투갈 전국에 53개의 지점을 가지고 있는 네트워크로 성장했으며, 현재는 포르투 에디토라Porto Editora 그룹의 하나다. 2010년에 기네스북은 이 시아두점을 '세계에서 가장 오래된 서점'으로 공식 인증했다.

파리스 엠 리스보아 Paris em Lisboa

베르트랑 서점 옆에는 현관 위의 아름다운 캐노피가 눈길을 끄는 가게가 있다. 안을 들여다보면 의류며 직물이 가득한데, 얼핏 보아도 품질이 뛰어남을 알 수 있어 발길을 잡아끈다.

페르난두 페소아의 생가와 가까운 '파리스 엠 리스보아'는 페소아가 태어난 해인 1888년에 문을 열었다. 이 가게는 파리의 멋을 리스본에 최초로 알린 여성 패션 전문점으로, 문을 열자마자 큰 인기를 누렸다. 그때까지 리스본의 여성들은 파리에 비해서 얌전하고 겸손한 패션을 선호했지만, 이 가게를 기점으로 벨 에포크 시대에 걸맞은 파리풍의 멋쟁이들이 리스본 거리에 나타나기 시작했다. 리스본 패션에 공헌을 한

시아두 화재 사건

1988년 8월 25일 아침, 호시우 역과 시아두 지역을 잇는 카르무 거리에 있던 그란델라 매장에서 원인을 알 수 없는 화재가 발생했다. 불은 가헤트 거리로 퍼져 나가 그란델라와 아르마젠스를 포함해 건물 18동을 태웠다. 진압에 소방관 1,680명이 투입되었으며, 그중 2명이 사망하고 73명이 다쳤다. 주민 300명이 집을 잃었고, 2,000명 이상이 일자리를 잃었다. 파괴 범위와 피해의 크기로는 1755년 리스본 대지진 이후 최악의 도시 재난이었다.

1989년에 리스본 시장은 포르투갈 출신의 세계적인 현대 건축가 알바루 시자 비에이라(240쪽 참조)를 책임자로 임명하여 재건 작업을 시행했다. 10년에 걸쳐 진행된 '시아두 재건 사업'은 1999년에 완료되었다.

역사적인 가게다.

  이곳에서는 여성의 의복뿐 아니라 직물, 모자, 소품 등 여성에게 필요한 상품들을 취급했다. 2층에는 디자인 사무실과 바느질 공방이 있었으며, 한창때에는 근무하는 재봉사가 수십 명에 달했다. 시대가 변하면서 취급하는 품목도 변화를 겪어 지금은 침대보, 식탁보, 타월, 파자마 등 가정용 직물의 비중이 높으며 이제는 많은 제품을 아웃소싱하고 있다. 하지만 이 가게가 주는 100년 전의 분위기는 여전히 남아 있다.

아르마젠스 두 시아두 Armazéns do Chiado

  시아두 화재로 잿더미가 된 지역의 재건 사업 당시 알바루 시자 비에이라의 설계로 태어난 쇼핑센터가 아르마젠스다. 화재 이전과 같은 위치에 같은 이름으로 세워졌다. 심지어 건물의 외양도 이전과 같지만 내부 구조는 새롭게 바뀌었다. 건물 내부는 지하철 바이샤-시아두 역과 이어져 있으며, 호시우 지역에서 이 건물로 들어와서 건물 내의 엘리베이터를 통해 바이샤 지역으로 쉽게 올라갈 수도 있다. 이 새로운 쇼핑센터 안에는 서적과 음반 등 문화용품을 판매하는 대형 프랑스 소매체인인 프낙Fnac이 입점하여 시아두 지역의 새로운 쇼핑 명소로 자리 잡았다.

지하철 바이샤 시아두 역 Baixa-Chiado Metro Station

  시아두 화재 재건 사업의 일환으로 바이샤-시아두 메트로 역도 정비되었다. 여기는 갈매기선(푸른색)과 돛단배선(초록색)이 함께 지나는 환승역이다. 이 역은 지대가 낮은 바이샤 지역과 높은 시아두 역에서 함께 진입할 수 있는데, 그런 만큼 내부가 깊고 길어서 걸어 다니는 통로가 많다. 이 통로도 시아두 재건축 사업을 지휘한 알바루 시자 비에이라의 작품으로, 통로 곳곳에서 그의 디자인을 엿볼 수 있다. 아래쪽에서는 바이샤, 중간에서는 아르마젱스 쇼핑센터와도 통하고 위로는 시아두의 카페 아 브라질레이라 앞에도 입구가 있다. 높은 데 있는 입구는 가장 낮은 입구와의 고저차가 45미터에 달한다.

파스텔라리아 베나르드 Pastelaria Benard

카페 아 브라질레이라에 줄을 서 있는 관광객들을 바라보면서 나 혼자 느긋하게 찾아가는 카페가 그 바로 아래에 있는 '파스텔라리아 베나르드' 과자점이다. 이곳은 브라질레이라보다 역사가 깊은데, 1868년에 찻집으로 문을 열었다. 비록 지금의 이름은 페이스트리 숍이어서 과자점처럼 보이지만, 사실 카페와 다를 바 없다. 게다가 과자며 빵의 맛은 브라질레이라보다 훨씬 뛰어나다.

이 집은 '시아두 지역에서 가장 맛있는 크루아상을 파는 집'이라는 말이 나돌 정도로 리스본 시민들의 사랑을 받고 있다. 입구에서부터 안으로 늘어선 진열장에 보석처럼 진열되어 있는 엄청난 과자들을 보면 무엇을 먹어야 할지 고민하지 않을 수 없다. 안쪽 깊숙한 곳에는 오래된 역사를 간직한 방이 두 개 있는데, 보통은 단골손님들이 앉아 있다. 과자 외에 인기 음료는 마시는 초콜릿과 커피다. 그 외에도 바칼라우(포르투갈식으로 소금에 절여서 말린 대구)처럼 어지간한 포르투갈 요리는 거의 다 취급해서 간단하게 요기를 하기 좋다. 웨이터들이 아주 친절하다.

타르티느 Tartine

시아두의 중심인 가헤트 거리에서 골목 하나 뒤로 들어간 곳에 다소곳이 숨어 있는 카페다. 가헤트 거리의 알려진 카페들과 달리 인테리어도 화려하지 않고 이목을 끄는 요소도 없다. 하지만 카페의 소박한 식탁에서 받는 음식들은 좋다. 특히 커피가 아주 맛있으며, 과자나 케이크도 모두 수준급이다.

사 다 코스타 서점 Livraria Sá da Costa

적지 않은 사람들이 이곳을 리스본에서 가장 아름다운 서점이라고 부른다. 그렇다고 인테리어가 멋지거나 특별하지는 않다. 이곳은 한마디로 고서점이다. 그 유명한 베르트랑 서점을 마주 보는 자리에서 무뚝뚝하게 자신만의 정체성을 지키며 100년 이상을 버텨 온 명소다. 어떤 이들은 이곳을 리스본의 진정한 전설이라고 추켜세운다. 그 규모도 대단해서 지하 수장고에 소장 중인 고서적까지 치면 무려 5만 권을 보유하고 있다고 한다.

들어가면서, 아니 들어가기도 전에 서점의 분위기에 매료된다. 커다란 쇼윈도를 통해 보이는 많은 고서들과 오래된 서재 용품들이 길 가던 사람의 발길을 붙잡는다. 아마도 이곳에 선뜻 들어가지 못하는 이유는 대개 '포르투갈어로 된 책들이니 나에겐 그림의 떡'이라고 생각해서일 것이다. 맞다. 하지만 그렇다고 구경조차 하지 않고 가 버리기에는 아까운 곳이다. 게다가 책뿐만 아니라 옛날 지도나 그림, 특히 많은 판화를 만나볼 수 있고, 노트나 종이 등 우리로 치면 문방사우라고 부를 만한 재미있는 소품들도 있으니 독서나 글쓰기를 좋아하는 사람은 들어가 볼 것을 추천한다. 잘 살펴보면 진정한 기념품을 찾을지도 모른다.

카르무 수녀원 Convento do Carmo

시아두 광장에서 가헤트 거리를 따라 내려가다 왼편으로 난 좁은 길로 다시 올라가면 만나게 되는 곳이 카르무 수녀원이다. 사실은 과거에 수녀원이었을 뿐, 지금은 폐허가 되어 있다. 그러나 이 폐허야말로 리스본 대지진의 가장 완벽한 흔적이다. 또한 부서진 수도원 건물들 특히 그곳 성당의 앙상하게 뼈대만 남은 구조는 고딕 양식의 구조를 파악할 수 있는 중요한 자료이기도 하다.

카르무 수녀원

이 수녀원은 1389년에 설립되었다가 1755년 리스본 대지진으로 대부분이 파괴되었다. 그 후로 여러 번 복구가 시도되었지만 1834년에 복구 사업은 최종 중단되었다. 당시 19세기 초 낭만주의 시대에는 폐허가 인간의 상상력과 정서를 자극하는 오브제로 받아들여졌기에, 파괴된 풍경을 그대로 두는 것도 목가적이고 가치 있다고 생각해서였다. 그 생각이 주효했는지 이후 이곳은 리스본 시내의 다른 종교 시설들을 제치고 방문객이 급증했다. 게다가 카네이션 혁명 기간 동안 정부 수뇌부의 은신처로 이곳이 이용되면서 더욱 유명해졌다. 현재는 폐허 위에다 카르무 고고학 박물관Arqueologico do Carmo을 지었다. 박물관에는 여기서 발굴한 구석기시대와 신석기시대 유적들이 전시되어 있다. 이곳을 찾는 방문객은 폐허를 보고 "어, 아무것도 없네. 들어갈 필요가 없겠어."라고 말할지도 모른다. 하지만 그 폐허가 이곳의 진가다. 여기서는 비어 있는 것이 가장 큰 가치라는 사실을 잊지 말자.

루바리아 울리세스 Luvaria Ulisses

'율리시스 장갑 가게'라는 뜻의 작은 가게로, 시아두 지역에서 아직도 자리를 지키고 있는 클래식한 가게 중 하나다. 1925년에 문을 연 이곳은 유럽의 장갑문화를 엿볼 수 있는 곳이다. 당시 상류층은 외출할 때나 무도회에 참석할 때 얇은 송아지 가죽 장갑을 꼈는데, 몇 번 사용할 수가 없어서 사치품에 해당했다. 지금도 다양한 장갑을 갖추고 있으며, 고객의 손의 크기나 손가락 길이에 맞춰서 진지하게 골라 주는 모습이 흥미롭다.

페린 서점 Livraria Ferin

베르트랑이 세계에서 가장 오래된 서점으로 알려져 있지만, 같은 동네에 있는 '페린 서점'이야말로 리스본에서 가장 명망 높은 서점이라고 할 수 있다. 1840년에 설립되어 몇 대를 이어 가족이 운영하고 있다. 종종 리스본에서 두 번째로 오래된 서점이라고 소개되기도 하지만, 첫째 둘째를 떠나서 분명 가장 진지하고 품위 있는 서점이라 하겠다. 낭독회나 작가와의 만남 같은 모임이 열리고, 오랜 단골들이 정기적으로 방문하는 리스본의 정신적 사랑방이다. 낡은 서가와 인테리어만 봐도 마음이 푸근해진다.

상 카를루스 국립극장 Teatro Nacional de São Carlos

마리아 칼라스의 음반을 듣다 보면 누구나 그녀의 『라 트라비아타』를 들어보고 싶은 충동이 생길 것이다. 칼라스의 『라 트라비아타』 음반은 상 카를루스 극장의 실황인데, 당시의 젊은 테너 알프레도 크라우스와 함께한 명연이다. 하지만 이 실황은 음질이 열악하다. 신경을 곤두세우고 잡음 사이로 들려오는 그녀의 호흡 한 번, 노래 한 음에 주의를 쏟아야 한다. 그것이 내가 받은 이 극장의 첫인상이다. 실황의 음질은 나빴지만, 덕분에 극장 이름은 기억 속에 각인되었다.

시아두 지역 한가운데에 있는 상 카를루스 국립극장은 포르투갈에서 가장 중요한 공연장이다. 그런데 시아두 지역의 특징인 계단식 구조 때문에 찾기가 생각보다 쉽지 않다. 택시 기사들도 오페라에 관심이 없는 이상 모르는 경우가 대부분이고, 호시우 광장에 있는 마리아 2세 국립극장과 혼동하는 사람도 많다. 일단 시아두의 중심인 시아두 광장에

상 카를루스 국립극장

서 카페 브라질레이라 방향에 있는 가헤트 거리로 간다. 거기서 다시 세르파 핀투Serpa Pinto 거리로 우회전하여 비탈을 내려가면 오른쪽으로 상 카를루스 광장이 나타난다. 그 앞에 TNSC라고 적힌 건물이 상 카를루스 극장이다.

원래 리스본에 있던 오페라 극장Teatro de Ópera은 1755년 대지진으로 전파되었다. 이에 새로운 극장을 짓자는 계획하에 건축가 주제 다 코스타 이 실바José da Costa e Silva가 신고전주의와 로코코 양식을 섞어 극장을 설계했다. 1793년 치마로사의 『라 발레리나 아만테La Ballerina Amante』로 개막 공연을 했다. 처음에 이탈리아 오페라 전용극장으로 출범하여 '이탈리아 극장Teatro Italiano'이라는 별칭을 얻었다. 당시 파리를 비롯해 유

상 카를루스 광장

럽의 주요 도시의 극장들이 그랬던 것처럼, 여기서도 이탈리아어로 작곡하거나 이탈리아어로 번역한 작품만 올릴 수 있었다. 이 극장은 유럽 일류 극장의 하나로 명맥을 이어 왔는데, 칼라스 외에도 프란체스코 타마뇨나 엔리코 카루소 같은 명가수들이 이곳 무대에 섰다.

현재의 내부는 1940년에 리모델링한 모습이다. 넓지는 않지만 신고전주의풍의 아담한 모습으로 뛰어난 음향을 자랑한다. 단정한 모습의 로비 왼편에는 매표소와 상점이 있고 오른편에는 공연 전이나 중간에 이용하는 카페 겸 식당이 있다. 이 식당은 극장 건너편에 있는 유명한 식당 벨칸토에서 운영한다.

상 카를루스 광장 Largo de São Carlos

상 카를루스 극장 앞의 네모반듯한 광장이 '상 카를루스 광장'이다. 특별할 것 없는 조용한 공간으로, 극장의 카페가 열려 있다면 들어가서 쉬기 좋다. 한편 광장 가운데에 있는 독특한 청동상이 눈길을 끈다. 몸통 위에 머리 대신 펼쳐진 책을 이고 있는 남자는 이 동네가 배출한 작가 페르난두 페소아다. 페소아는 바로 청동상 뒤편의 건물에서 태어났는데, 그의 아버지는 열렬한 음악 팬으로 저명한 음악평론가이기도 했다. 그래서 그의 집이 극장 앞에 있는지도 모르겠다.

상 호케 성당 Igreja de São Roque

16세기에 흑사병을 물리치기 위해서 포르투갈 왕이 베네치아 일류 장인들에게 특별 주문하여 완성한 건물이다. 1505년에 리스본은 흑사병에 의해 황폐해졌으며, 바이루 알투 전역에 전염병에 희생된 이들의 묘지가 널려 있었다. 이에 마누엘 1세는 전염병 희생자의 수호성인인 성 로크St. Roch를 기리는 성당을 지었다.

이 성당 최고의 하이라이트가 안에 있는 상 주앙 예배당Capela de São João Baptista이다. 마누엘 1세의 주문으로 베네치아의 명장이었던 니콜라 살비Nicola Salvi와 루이지 반비텔리Luigi Vanvitelli가 디자인한 것이다. 금은은 말할 것도 없고 이름을 다 열거할 수도 없는 엄청난 보석을 각국에서 구해 와 만든 이 예배당은 바로크 미술의 걸작으로 손꼽힌다. 실제로 당시 유럽에서 가장 비싼 예배당이었다고 한다. 안에는 박물관이 있다.

시아두 현대미술관Museu do Chiado, MNAC

정식 명칭은 국립현대미술관Museu Nacional de Arte Contemporanea do Chiado으로 약칭 MNAC로도 불리지만, 통상 '시아두 미술관'이라 부른다. 막상 들어가면 이름에 비해서는 소박한 규모라 실망할 수도 있다.

원래 이 건물은 상 프란시스쿠 수녀원이었는데, 리스본 대지진 때 심하게 파괴되었다. 그리고 시아두 화재가 한 차례 또 덮쳤다. 그런 참화를 겪은 후에 프랑스의 건축가 장미셸 빌모트Jean-Michel Wilmotte의 설계로 이곳을 개축하여 1994년에 미술관으로 개관했다. 이곳은 1850년 이후부터 현대까지의 포르투갈 근현대미술을 체계적으로 전시하고 있다. 즉 여기서 포르투갈 낭만주의, 자연주의 그리고 이후의 현대미술을 한번에 만날 수 있다. 헬레나 알메이다, 파울라 레구, 줄리앙 사르멘투 등의 작품을 소장 중이다. 시아두 지역에서 특히 조용한 곳이라 외부와는 완전히 단절된 느긋한 분위기를 즐길 수 있다.

아 비다 포르투게사 A Vida Portuguesa

여행하다 보면 가끔 남에게 알려 주기 아까운 가게도 만나게 된다. 도시마다 그런 곳이 꼭 있는데, 리스본의 경우는 '아 비다 포르투게사'다. 여기 와 보면 지금까지 거리에서 샀던 기념품과 잡동사니 선물들을 다 버리고 싶어질지도 모른다. 가장 리스본다운 앙증맞고 세련된 잡화들만 모아 놓은 곳이다. 특히 포르투갈이 자랑하는 비누 클라우스 포르투 Claus Porto의 다양하고 귀한 컬렉션을 만날 수 있다. 포장이 너무 예뻐서 비누를 뜯을 때마다 가슴이 아프다. 그 외에도 포르투갈만의 그릇, 오래된 장난감, 술, 향신료, 소품 등이 가득해 눈이 즐거운 곳이다. 하지만 그중에서도 최고는 가게의 고색창연한 아르데코풍 인테리어다.

바실리카 다 에스트렐라 Basilica da Estrela

28번 전차를 타고 바이루 알투의 경사 지대를 즐기면서 올라간다. 전차가 카몽이스 광장을 지나나 싶더니, 이내 시아두 지역을 지난다. 이때 눈앞에 편평하고 넓은 공원과 장대한 성당이 나타난다. 좁은 길과 비탈에 붙은 작은 집들만 있으리라 예상했다면 깜짝 놀랄 만한 광경이다. 언덕 위에 이렇게 넓고 평화로운 대지와 큰 건물이 있다니 의외가 아닐 수 없다.

이곳이 이 지역의 명물 '바실리카 다 에스트렐라', 즉 '별의 성당'이다. 포르투갈 최초의 여왕이었던 마리아 1세와 그녀의 남편 페드루 3세는 '왕위를 계승할 아들을 주시면 교회를 짓겠다'며 성심껏 기도했다. 그들은 소망대로 아들을 얻었고 1779년부터 성당 건축이 시작되었다. 그러나 하늘도 무심하시지, 주제라는 이름의 어린 소년은 성당 완공을 2년

바실리카 다 에스트렐라

앞두고 천연두로 세상을 떠나고 말았다. 아들은 하늘의 별이 되고 땅에는 성당이 남았다. 이후 사람들은 이 성당을 '별의 성당'이라고 부르게 되었다.

이 거대한 성당은 후기 바로크 양식과 신고전주의 양식이 섞여 있다. 정면에는 위풍당당한 탑이 두 개 있으며, 가운데에는 팔라디오풍의 기둥 네 개와 세 개의 현관이 있다. 그 위로는 뒤쪽으로 커다란 돔이 위치한다. 실내는 장엄하며 장중하기 그지없다. 성당 안에 슬픈 운명의 어머니 마리아 1세의 무덤이 있다.

에스트렐라 정원 Jardim da Estrela

에스트렐라 바실리카 맞은편에 다소곳해 보이는 공원이 있는데, '에스트렐라 정원'이다. 시인이자 정치가였던 게하 중케이루 Guerra Junqueiro(1850~1923)는 왕정에 반대하고 포르투갈 공화국 설립에 기여한 지성인이었다. 그가 시민들에게 공원이 필요하다고 여겨서 사재를 털어 기증한 공원이 이곳이다. 세계 각지의 나무들이 이국적인 정취를 풍기는 가운데 야외무대와 연못과 중국식 정자 등까지 있어 아기자기하다.

영국 묘지 Cemitertio Ingles

에스트렐라 정원 뒤에 '영국 묘지'가 있다. 별로 알려지지 않은 곳이지만 어떤 사람들은 리스본 시내에서 가장 고즈넉한 장소로 이곳을 꼽기도 한다. 실로 아름답고 시간을 잊을 수 있는 곳이다. 리스본에 와 보면 영국의 흔적을 자주 느낄 수 있다. 포르투갈과 영국은 사이가 가까워 예로부터 왕래가 잦았기 때문이다. 이 성공회 형식의 묘지에는 리스본에서 사망한 대부분의 영국인들이 묻혀 있다고 봐도 된다.

이곳에서 중요한 예술가 한 사람을 만날 수 있다. 소설가 헨리 필딩이다. 건강이 좋지 않았던 그는 천식과 통풍 등 지병을 치료하기 위해 리스본에 머물렀는데, 그만 이 도시가 마지막 거처가 되고 말았다.

에스트렐라 정원

헨리 필딩
Henry Fielding, 1707~1754

인물

영국 사실주의 소설의 전통은 다니엘 디포Daniel Defoe(1660~1731)의 『로빈슨 크루소』(1719)와 사무엘 리처드슨Samuel Richardson(1689~1761)의 『파멜라』(1740)라는 두 대작으로 시작했다고 할 수 있다. 헨리 필딩은 이런 소설들이 선풍적인 인기를 누리는 걸 보고 소설가가 되기로 결심한다.

필딩의 부계는 독일 합스부르크 왕가의 혈통을 이어받은 아일랜드와 잉글랜드의 백작 가문이며, 모계는 많은 영지를 보유하고 여러 명의 판사를 배출한 명문가다. 이튼스쿨에 이어 대학에서 법률을 공부한 필딩은 명문가 출신으로 학식도 풍부하고 고전에도 정통했다는 점에서 디포나 리처드슨과는 달랐다. 필딩은 법조계에서 일하면서 희곡을 집필해 20편 이상의 풍자적 희곡을 쓰기도 했다.

그의 소설은 리처드슨의 작품과는 대조적으로 복잡한 줄거리 전개와 다양한 인물의 생생한 묘사 그리고 명랑한 유머를 특징으로 한다. 이런 경향이 잘 투영된 작품이 대표작인 『업둥이 톰 존스 이야기』다. 이 작품은 발표되자마자 큰 인기를 누리고, 그는 당대에 가장 주목받는 작가의 한 사람으로 떠오른다. 이후 당시에 유명했던 도적을 소재로 한 『조나단 와일드전』을 발표한다. 만년에 그는 런던의 치안판사로 임명되어 공적으로 바쁜 생활을 보내면서도 소설 『아멜리아』를 발표하여, 판사로서 느낀 사회에 대한 우려를 담아 종교와 도덕의 중요성을 강조했다.

디포나 리처드슨이 자신들의 소설이 지어낸 이야기가 아니라 실제 사건을 기록하거나 정리한 것이라고 주장함으로써 작품의 사실성을 강조한 것과는 달리, 필딩은 영국인의 생활상을 사실적으로 묘사하고 재현함으로써 사실성을 강조했다는 점에서 차이를 보인다. 필딩은 여관 주인의 투박한 사투리, 하녀들의 엉터리 철자법, 군인들의 기이한 말투 등을 사실적으로 묘사하고, 실존 인물들도 작품에 등장시키곤 했다.

> "
> ## 18세기 영국 문학계가 낳은 거성
> ## 리스본에 잠들다.
> "

말년의 필딩은 건강이 점점 나빠졌다. 그는 천식, 황달, 통풍 및 수종 같은 갖가지 질병으로 고생하다 판사직을 사임하고 리스본으로 요양을 떠났다. 하지만 그는 끝내 회복하지 못하고 리스본 인근 중케이라에서 세상을 하직한다. 그의 유해는 영국으로 돌아가는 대신, 마지막 주소였던 리스본의 영국인 묘지에 묻혔다. 세상을 떠난 지 1년 후인 1755년 『리스본으로의 항해 일지』가 출간되었다.

상 페드루 드 알칸타라 전망대 Miradouro de São Pedro de Alcântara

바이루 알투 지역에서 지대가 낮은 호시우 광장 쪽을 내려다보는 전망대다. 언덕의 도시 리스본에는 곳곳에 '전망대miradouro'가 있어서, 시민들은 풍경을 보면서 휴식을 취할 수 있고 관광객들에게는 촬영의 명소가 된다. 이곳은 인근의 다른 전망대에 비해 제대로 된 정원을 갖추었다는 것이 특징이다. 가까운 글로리아 엘리베이터Elevador da Glória를 타고 아베니다 다 리베르다드에서 쉽게 올라올 수 있는 곳이기도 하다. 눈에 가장 잘 들어오는 것은 건너편 언덕이다. 특히 석양빛을 받아 오렌지 빛으로 물드는 상 조르즈 성이 잘 보여서 해 질 무렵에 인기가 좋다.

또한 이곳은 작은 정원과 이어져 있다. 안토니우 노브르 정원Jardim

António Nobre이라고 불리우는 이곳은 19세기에 만들어진 낡고 예쁜 계단식 정원이다. 난간은 아줄레주로 꾸며져 있으며 전망대에서 볼 수 있는 시내의 명소들이 그려져 있다. 정원 내부에는 근엄한 신사의 흉상이 있다. 유명 신문을 창간한 언론인 에두아르두 코엘류Eduardo Coelho의 상으로, 1904년에 만들어진 것이다. 그 앞에는 신문을 배달하는 소년 상이 함께 있어서 의미심장해진다. 신문이란 '높은' 분과 그 아래에서 발로 뛰는 '낮은' 소년이 함께 해야만 시민들에게 전해질 수 있었던 것이리라.

상 페드루 드 알칸타라 전망대에서 바라본 전망

리스본 국립 음악원 Conservatório Nacional Lisboa

바이루 알투 지역을 걷다가 만나게 되는 건물이다. 1836년에 세워진 '리스본 국립 음악원'은 이 나라의 가장 중요한 예술교육기관임에도 불구하고 겉은 낡고 초라하다. 이 음악원의 특징은 처음부터 음악만을 가르치는 음악원이 아니라, 모든 무대 예술을 가르치는 종합 음악원의 형태로 시작했다는 점이다.

그러다 1983년에 150년의 역사를 접고 각 예술 분야의 여러 전문 학교로 독립했다. 즉 발전적으로 해체한 학교는 고등 음악학교 Escola Superior de Música, 고등 무용학교 Escola Superior de Dança, 고등 연극 및 영화학교 Escola Superior de Teatro e Cinema, 국립음악원 음악학교 Escola de Música do Conservatório Nacional 국립음악원 연극학교 Escola de Dança do Conservatório Nacional 등 여러 학교로 나뉘어 개교했다. 각 학교들은 역사를 공유하고 있지만, 교육이나 운영에서는 완전히 자치권을 부여받고 있으며 학교마다 교육 수준도 다르다.

그중에서 고등 음악학교와 고등 무용학교는 과거 국립 콘세르바토리우 Conservatório Nacional에서 다루던 전문 예술가 교육의 직접적인 계승자다. 특히 과거의 국립 콘세르바토리우와 현재의 고등 음악학교는 혼동되어 불린다. '콘세르바토리우 conservatório'라는 말은 원래 '음악이나 노래와 관련된 기술이나 지식을 가르치는 시설'을 의미하며, 1537년에 나폴리에 처음 생겼다. 그래서 특별히 음악이라는 말을 넣지 않아도 '음악학교'로 번역해 왔다. 하지만 요즘에는 예술 분야가 다양해지고 전문화되면서, 음악이라는 단어를 일부러 넣기도 한다.

마리아 주앙 피레스

마리아 주앙 피레스
Maria João Pires, 1944~

인물

　리스본 국립음악원이 배출한 음악가들 중에서 첫손에 꼽는 사람이 마리아 주앙 피레스다. 그녀는 포르투갈의 역사상 가장 위대한 피아니스트다. 본명은 마리아 주앙 알렉산드르 바르보사 피레스Maria João Alexandre Barbosa Pires로 리스본에서 태어났다. 어려서부터 피아노를 배운 그녀는 다섯 살에 첫 리사이틀을 열 정도로 재능을 보였다. 일곱 살에 공개 콘서트에서 모차르트의 「피아노 협주곡」을 협연했다. 이후 리스본 음악원에 진학하여 피아노뿐 아니라 음악이론, 작곡, 음악사를 공부했다.

　1970년 브뤼셀에서 열린 베토벤 콩쿠르에서 우승하면서 이름을 알리기 시작했다. 그때부터 그녀는 세계를 돌면서 저명한 오케스트라들과 협연했다. 특히 그녀의 모차르트는 최고의 연주로 칭송을 받아 왔으며, 슈베르트와 쇼팽에서도 경지에 도달했다.

　2013년에 있었던 로열 콘서트헤보 오케스트라와의 런치타임 콘서트 일화는 유명하다. 오케스트라가 연주를 시작했을 때 그녀는 비로소 자신이 오케스트라와 다른 곡을 준비했다는 것을 알아차렸다. 그녀는 연주를 그만두려고 했지만, 지휘자 리카르도 샤이의 독려로 결국 그 자리에서 기억을 더듬어 완벽한 아니 그보다 더 아름다운 연주를 완성해 낸다. 이 일화는 영상으로 찍혀서 그녀의 이름을 더욱 널리 알리는 계기가 되었다.

그녀는 대단히 많은 음반을 녹음했는데, 거의 모든 피아노 레퍼토리를 망라한다. 그중에서도 슈베르트의 「악흥의 순간」과 「즉흥곡」, 모차르트의 「피아노 협주곡」들과 「피아노 소나타」들은 명반의 반열에 올라 있다. 특히 그녀의 쇼팽 「녹턴」은 권위 있는 음악잡지 《그라모폰》으로부터 최고의 녹턴 음반으로 선정됐다.

"포르투갈 역사상 가장 위대한 피아니스트"

피레스의 관심은 연주에만 머물지 않았다. 그녀는 자비로 시골 농가를 구입하여 자신에게 배우러 오는 세계의 젊은이들을 가르치고 연주하고 함께 생활도 하는 '파르티투라 프로젝트Partitura Project'를 운영해 왔다. 또한 소외계층 어린이들에 대한 교육 프로젝트인 '벨가이스 센터Belgais Center'를 설립하는 등 사회활동을 멈추지 않았다.

그런데 이를 지원하는 포르투갈 정부와 이견을 보이면서 양측은 돌이킬 수 없을 만큼 사이가 악화된다. 결국 그녀는 2006년 조국을 떠나 브라질의 작은 마을인 라우루 지 프레이타스Lauro de Freitas에 정착한다. 그녀는 포르투갈에서 시도했던 프로젝트들을 그곳에서 다시 시작했다. 피레스가 포르투갈에 세운 센터 역시 여전히 학생들을 가르치고 있다. 피레스는 2018년, 피아니스트로서는 공식적으로 은퇴를 선언했다.

산타 카타리나 전망대

산타 카타리나 전망대 Miradouro de Santa Catarina

시아두 지역에서 테주강을 바라보는 비탈에 있는 유명한 전망대다. 멀리 '4월 25일 다리'를 중심으로 원경遠景이 아름답게 펼쳐지는 곳이다. 바쁜 일정 중에도 만사를 잊고 쉬기에 좋다. 주변에 적당한 카페가 많다. 전망대 앞에는 카몽이스 광장의 주인공인 시인 루이스 카몽이스의 대표 서사시 『우스 루지아다스』에 나오는 전설 속 바다 괴물의 석상이 있다. 석상이 자신의 고향인 바다를 바라보며 그리워하는 것 같다.

카페 누바이 Cafe Noobai

산타 카타리나 전망대 부근의 유명한 카페다. 음식이나 음료는 평범하고 분위기도 소박하다. 좋은 전망이 이 모든 평범함을 잊게 해 준다. 이쪽 전망을 좋아한다면 쉬어가기 좋다. 해 질 무렵의 풍경이 아름답다.

리스본의 케이블카

리스본의 언덕을 오르내리는 데는 전차 외에도 케이블카 혹은 엘리베이터라고 부르는 탈것을 이용할 수 있다. 이 케이블카들도 리스본의 상징인 전차 못지않게 사진이나 포스터에 많이 등장한다. 얼핏 보면 케이블카와 전차는 흡사해 보이지만, 케이블카는 정해진 상하 두 지점만을 케이블에 의해서 왕복 운행한다는 점이 전차와 다르다. 현재는 네 개의 케이블카 노선이 운행되고 있는데, 19세기 말에서 20세기 초에 건설된 것으로 모두 국가 기념물로 지정되어 있다. 이 케이블카들은 전차처럼 대중교통 시스템의 일환으로 취급되므로 리스본 카드를 소지한 사람은 무료로 이용할 수 있다.

라브라 엘리베이터 Ascensor do Lavra

리스본의 케이블카 중에서 잘 알려져 있는 것이 가장 오래된 '라브라 엘리베이터'다. 1884년에 만들었으니 햇수로 130년이 넘었다. 카마라 페스타나 거리Rua Câmara Pestana에서 아눈시아다 광장Largo da Anunciada까지 연결한다. 특히 종착지 부근의 칼사다 라브라Calçada do Lavra는 멋지게 그려진 많은 낙서 덕에 명소가 되었다.

글로리아 엘리베이터 Ascensor da Gloria

두 번째로 오래된 엘리베이터는 '글로리아 엘리베이터' 혹은 '글로리아 푸니쿨라Gloria Funicular'라고 부르는 것으로, 지금도 시민들이 가장 많이 이용하며 관광객들도 쉽게 접근할 수 있다. 헤스타우라도레스 광장에서부터 바이루 알투까지 운행하고 있다.

비카 엘리베이터 Ascensor da Bica

'비카 엘리베이터'는 칼랴리스 광장Largo de Calhariz에서 상 파울루 거리 Rua de São Paulo 사이를 운행한다. 1892년에 건설된 노선으로 세 번째로 오래되었다. 리스본의 엘리베이터를 찍은 사진에 가장 많이 등장하는데, 멀리 보이는 테주강과의 조화가 아름답다. 특히 저녁에는 운행하지 않아서 도리어 더 유명해졌다. 전차가 멈추는 시간부터 주변의 가게들에 전등이 켜지면서 철로 옆까지 테이블이 놓이기 때문이다. 그러면 주위는 술과 여흥의 동네로 완전히 탈바꿈한다. 리스본의 낭만을 느끼기에 손꼽을 만한 동네다.

그리고 마지막 네 번째가 앞서(페이지 표기) 설명한 산타 주스타 엘리베이터로, 네 개 중에서 유일하게 수직으로 오르내리는 것이다.

비카 엘리베이터

아말리아 호드리게스

Amália Rodrigues, 1920~1999

인물

아말리아 호드리게스의 이름은 몰라도 노래를 한 번만 들어 보면 "아, 이 목소리 들어 본 적 있어."라는 말이 나올 것이다. 그녀는 파두라는 장르의 역사상 가장 중요한 인물로 '파두의 여왕'으로 불렸다.

호드리게스는 리스본 외곽의 대장장이 집안에서 태어났다. 어린 시절은 아주 빈곤하여 부두에서 과일장수 등을 하면서 어렵게 자랐다. 열다섯 살 때부터 노래를 부르기 시작해, 스무 살이 되기 전에 파두 가수로 훈련을 받았다. 그때 파두 작곡가 페데리쿠 발레리우Frederico Valério와 만나는데, 그는 호드리게스의 능력을 알아보고 그녀의 독특한 음성과 개성에 맞는 멜로디를 다수 작곡한다. 또한 그녀의 음색에 맞추어 보통 두세 개의 악기만으로 반주하던 파두의 전통을 깨고 오케스트라 반주를 추가했다.

이전까지 포르투갈에만 퍼져 있던 파두는 호드리게스를 통해 외국에서도 사랑받기 시작했다. 브라질, 스페인, 프랑스 등에서 그녀의 레코드는 엄청난 인기를 얻었다. 그녀는 그때까지 노동자들의 노래였던 파두에 포르투갈의 시인들을 끌어들인 장본인이기도 하다. 포르투갈의 많은 시인들이 그녀를 위해서 파두 가사를 작사하여 파두의 수준을 한층 끌어올렸다.

1950년대에 들어 영국과 미국에까지 미친 그녀의 인기는 이후 이탈리아와 소련, 일본 등지까지 퍼져나갔다. 그녀는 세계적으로 3,000만 장 이상의 레코드를 판매했는데, 이것은 포르투갈의 예술가를 통틀어 가장 많이 팔린 기록이다. 1999년에 병사했을 때 포르투갈 정부는 사흘간 전국 애도 기간을 선포했다. 장례식에는 시민 수만 명이 참석했고, 2001년에 그 유해는 국가를 대표하는 인물이 묻히는 판테온으로 이장되었다.

> "
> **포르투갈의 보석,
> 영원한 파두의 여왕**
> "

사후에 그녀 생전의 뜻에 따라서 아말리아 호드리게스 재단이 설립되었다. 그녀는 '역사상 가장 위대한 포르투갈인' 투표에서 14위에 랭크되었다. 파두를 세계적인 음악 장르로 올려놓았기 때문이다. 이제 세계인들은 프랑스의 샹송, 이탈리아의 칸초네, 아르헨티나의 탱고처럼 포르투갈의 파두를 떠올리게 됐다.

하지만 호드리게스의 더욱 위대한 업적은 가장 낮은 계급에서 태어나 가장 높은 스타의 자리에 올랐다는 점이 아닐까. 그녀는 평생 가난한 이들에 대한 노래를 불렀고, 가난한 이들의 사랑을 받았으며, 빈곤층을 대표하는 인물이었다. 두 번 결혼했고, 자녀는 없다.

아말리아 호드리게스 재단 Fundação Amália Rodrigues

아말리아 호드리게스가 마지막 40년을 살았던 집은 박물관이 되어 있다. 건물명은 그녀 생전의 뜻에 따라 설립된 '아말리아 호드리게스 재단'이다. 어찌 되었거나 파두에 관심이 있거나 그녀가 궁금한 사람은 방문해야 할 장소다.

예술가의 생가에 갈 때마다 설렘과 긴장이 교차하는 법인데, 이곳은 유달리 그렇다. 특히 안으로 들어가면 호드리게스의 열성 신도처럼 보이는 재단의 여성 추종자들이 나와서 방문객을 안내하는데, 그 과정부터가 심상치 않다. 들어갈 때는 신발 위에 파란 비닐을 덧신게 하고, 2층의 전시장에서는 절대 촬영을 할 수 없다. 하루에 두 사람이 교대로 하는 가이드를 따라다니면서 그녀들의 지시에 따라 존경의 마음을 가득

아말리아 호드리게스 재단

담은 표정으로 위대한 호드리게스의 유품들을 공손히 바라보아야 한다. 마치 신전神殿에 들어온 기분이다. 한 시간 정도 호드리게스의 신도信徒 체험을 하는 것도 나름 재미있을 것이다. 어쩌면 유행이 지나고 빛바랜 그녀의 가구와 드레스, 각 나라에서 받은 메달과 훈장 그리고 사진들을 보면서 일세를 풍미한 사람도 이렇게 사라지고 만다는 인생무상의 감흥이 더 크게 다가올지도 모른다.

이 집은 묘한 매력이 있다. 리스본을 방문할 때마다 뻔하다고 생각하면서도 그 묘한 이끌림을 따라 매번 다시 찾게 된다. 그러면서 늘 열성적으로 설명하는 가이드들이 점점 호드리게스처럼 늙어 간다는 생각을 한다. 인생무상이라는 또 하나의 묵직한 덩어리가 가슴을 누른다. 이제 그녀들마저 세상을 떠나면 누가 호드리게스의 위대했던 가치를 이렇게 진심으로 웅변할 수 있을까?

카사 페르난두 페소아 Casa Fernando Pessoa

포르투갈이 낳은 세계적인 작가 중 한 명인 페르난두 페소아에 관한 전시와 기념사업을 위해 창설된 일종의 문화센터로, '카사 페르난두 페소아(페르난두 페소아의 집)'라는 이름으로 1993년에 개관했다.

과거 아파트였던 이 건물의 한 층에서 시인은 1920년부터 1935년까지 인생의 마지막 15년을 살았다. 말하자면 일종의 문화의 신전이지만, 숭배의 분위기보다는 아직도 문학을 연구하고 공부하는 곳이라는 느낌이 물씬 풍겨 온다. 도서관에는 우리나라를 비롯해 세계 각국어로 출판된 페소아의 책이 모두 전시되어 있고 페소아에 관한 연구서적도 많다. 페소아가 쓰던 가구와 문구류 등도 있으며, 그가 쓰던 타자기와 그의 상징인 안경도 볼 수 있다.

 하지만 가장 흥미로운 것은 메모지에 썼던 그의 많은 원고들을 넣어 두던 옷장용 트렁크다. 열린 트렁크 속에 페소아가 썼던 것처럼 원고를 만들어서(진본은 아니다) 넣어 둔 모습을 보면 페소아에 대해 가졌던 이미지가 시각적으로 구체화되면서 새삼 이 작가에 대한 애정이 새롭게 솟아난다. 미리 예약하고 가면 직원이 페소아에 대한 애정이 가득 담긴 상세한 설명을 영어로 친절하게 해 준다. 1층에 있는 상점에는 페소아에 관한한 최고의 기념품들이 모여 있다. 작고 고즈넉한 뒤뜰에는 카페가 있어서 느긋하게 쉬어 갈 수 있다. 그때 손에 페소아의 책이 들려 있다면 더욱 좋을 것이다.

카사 페르난두 페소아

페르난두 페소아

페르난두 페소아

Fernando Pessoa, 1888~1935

인물

　페르난두 안토니우 노게이라 페소아Fernando Antonio Nogueira Pessoa는 생전에 단 한 권의 시집을 냈을 뿐, 인정도 받지 못하고 세상을 떠난 불우한 작가다. 하지만 사후에 엄청난 양의 원고가 발견되면서 재평가가 이루어져 지금은 세계적으로 추앙받는 작가가 되었다.

　페소아는 1888년에 리스본에 있는 지금의 상 카를루스 극장 맞은편의 집에서 태어났다. 공무원이었던 아버지는 칼럼과 음악평론을 썼는데 페소아가 다섯 살 때 세상을 떠났고, 이후 어머니는 외교관과 재혼했다. 양아버지를 따라서 남아프리카의 더반으로 이주해 그곳에서 초중등교육을 받은 페소아는 열 살 때부터 시를 쓰기 시작한다. 대학 입학시험에 제출한 영어 에세이로 최우수상을 받기도 했다. 열일곱 살에 홀로 리스본으로 돌아온 그는 리스본 대학 문학부에 입학하지만 1년도 되지 않아 학교를 그만두고 취직한다. 그러나 이때부터 그는 문학에 더욱 심취한다.

　그는 무역회사에 회계 사무원으로 취직해 서류를 영문으로 번역하는 일을 한다. 그러던 중 출판사의 제의로 영시와 산문을 포르투갈어로 번역하는 작업을 한다. 그런 일들을 하면서 처음으로 잡지에 포르투갈 문학 평론을 실어 문학 집필을 시작한다. 이어 1915년에 지인들과 함께 동인지《오르페우》를 창간하는데, 이는 포르투갈 최초의 모더니즘 잡지로 평가된다. 이때부터 페소아는 본명보다는 여러 필명으로 작품을 발표한다. 생전에 자신의 시를 출간하려고 했지만 여러 출판사로부터 번번이 거절당하는 쓰라림을 맛보았다. 그는 여러 잡지에 영어와 포르투갈어로 시를 발표했으나 생전에 나온 시집은 『메시지』가 유일하다.

> "
> 이름이 다른 여러 페소아들은 80명 정도가 되는데,
> 앞으로 더 늘어날지도 모른다.
> "

1935년에 페소아는 간질환으로 마흔일곱의 아까운 나이에 세상을 떠난다. 평생 독신이었던 그가 죽고 나서 미처 출간하지 못한 엄청난 양의 원고가 그의 트렁크에서 발견되었다. 그리하여 사후 8년이 지나 동료들에 의해서 그의 작품들이 하나씩 정리되어 세상에 나오기 시작했다. 페소아는 작품 내에서 자신의 존재를 해체시켜 자신을 단일한 존재가 아닌 복수로 취급했고, 이를 여러 다른 이름으로 표현했다. 그렇게 그가 창조한 다른 이름의 인물들, 즉 이름이 다른 여러 페소아들은 80명 정도가 되는데, 앞으로 더 늘어날지도 모른다.

사후 47년이 되는 1982년에는 유고를 정리한 최대이자 최고의 문집 『불안의 책』이 발표되어 엄청난 반향을 일으켰다. 이 책은 한 인간이 평생에 걸쳐 추구했던, 자기 내면에 대한 성찰을 극한까지 밀어붙인 명작이다.

『불안의 책』
『Livro do Desassossego』 — 에세이

　페소아의 대표작인 『불안의 책』은 그가 1913년부터 세상을 떠나기 직전까지 약 20년 동안 틈틈이 공책이며 쪽지에 기록한 단상들을 모은 고백록이다. '회계 사무원 베르나르두 소아르스의 작품'이라는 부제를 달고 있는 이 책은 자신이 창조한 소아르스란 인물을 묘사하고 소개하는 짧은 머리말과, 소아르스가 '사실 없는 자서전'이라는 표제 아래 써 내려간 단상 481개로 이루어져 있다. 짧게는 한 줄에서부터 길게는 한 장을 넘어가는 고백적 단상들은 순간적으로 스치는 생각과 감정에서부터 삶에 대한 사유, 작가로서의 존재 의식에 대한 성찰, 감정 묘사 등에 이르기까지 한 회계 사무원의 내면에서 일어나는 다양한 면모를 아우른다.

　이 책은 페소아가 생전에 완성한 작품이 아니다. 사후에 연구가들이 그의 트렁크에서 엄청난 미발표 원고들이 종잇조각으로 쌓여 있는 것을 발견했다. 그리고 그 종이더미의 원고들을 정리하여 엮어 낸 것이 『불안의 책』이다. 『불안의 책』은 페소아가 자신을 해체시켜 창조해 낸 여러 이름, 즉 이명異名만큼이나 다양한 얼굴을 지닌 글들로 이루어져 있다. 일관된 흐름이나 기준이 존재하는 것도 아니다. 이 작품은 가슴속에서 무언가가 쏟아질 때마다 그것을 손끝으로 받아 휘갈긴 작가의 필체가 그대로 느껴지는 명상록이다. 겉모습은 한 권의 반듯한 책이지만 눈물 자국이 밴 빛바랜 일기장 혹은 종잇조각의 느낌을 고스란히 전해 주는 아름답고 심오한 책이다. 『불안의 책』은 페소아의 존재론적 성찰을 수백 개의 조각으로 나누어 놓은 페소아의 독백이자 고백이자 영혼의 기록이다.

"
페소아의 고백이자 독백이자
영혼의 기록
"

소아르스는 리스본 시내에 있는 회계 사무소의 직원이다. 그는 틈틈이 리스본 시내와 테주강 변을 산책하는 것을 좋아하며, 그때마다 명상에 잠긴다. 그가 출근하고 식당에서 밥을 먹고 셋방으로 돌아오던 거리의 묘사는 실제로 가난한 페소아가 셋방을 전전하며 살던 동네를 그린 것이다.

실제로 페소아는 세상을 떠날 때까지 리스본 시내에 있는 회사 스물한 곳을 옮겨 다니면서 근무했는데, 당시의 사무실 모습들도 책 곳곳에 묘사되어 있다. 그러므로 리스본을 여행하는 사람이라면 『불안의 책』에 나타난 리스본의 풍경 묘사 때문에라도 이 책을 읽어 볼 필요가 있다. 『불안의 책』은 페소아를 알고자 하는 사람이나 리스본을 이해하고자 하는 사람에게 필수 불가결한 책이다.

안토니오 타부키
Antonio Tabucchi, 1943~2012

인물

안토니오 타부키는 이탈리아 피사에서 태어났다. 어린 시절부터 다양한 문학에 심취한 덕에 그의 문학세계는 이탈리아에 한정되지 않고 유럽 각국을 망라한다. 그래서 그의 문학을 국제적 문학이라고 말하기도 한다. 그런 그가 가장 많은 영향을 받은 작가가 페르난두 페소아다.

피사 대학을 다니다 파리로 간 타부키는 소르본 대학의 강의에서 처음으로 페소아라는 이름을 듣게 된다. 그리고 삼촌의 서재에서 발견한 페소아의 시집에 매료된다. 그리하여 그는 일부러 포르투갈어를 공부하고 페소아의 흔적들을 찾아 여행한다. 그의 대학 졸업 논문도 「포르투갈의 초현실주의」였다. 그는 마리아 주제 드 랑카스트르와 결혼하여 부부가 함께 페소아 연구가가 된다. 그 후로 볼로냐 대학, 제노바 대학, 시에나 대학 등에서 포르투갈 문학을 강의하는 등 포르투갈 문학의 전도사가 된다. 리스본 주재 이탈리아 문화원장을 역임하기도 했다.

타부키가 페소아에게 매료되어 발표한 페소아 관련 저작들은 우리나라에도 많이 번역 출간되어 있다. 페소아에 대한 애정이 잔뜩 묻어 있는 저서 『사람들이 가득한 트렁크』나 『페르난두 페소아의 마지막 사흘』 등이다. 이 책들은 그 자체로도 재미가 넘칠 뿐만 아니라, 페소아와 타부키라는 두 문인을 한꺼번에 이해하고 그들 사이의 연결고리를 발견하는 즐거움도 담고 있다.

그렇게 페소아 마니아에서 페소아 연구자로 나아가서 포르투갈 문학계에 먼저 이름을 알린 타부키는 1975년에 그의 첫 창작물인 『이탈리아 광장』을 낸다. 이어서 『뒤집기 게임』, 『인도 야상곡』, 『수평선 자락』, 『페레이라가 주장하다』, 『레퀴엠』, 『꿈의 꿈』 등의 문학작품을 발표했다. 이 중 많은 수가 포르투갈을 배경으로 한 것들이다. 특히 실제 살인사건을 소재로 쓴 소설 『다마세누 몬테이루의 잃어버린 머리』는 발표되고 나서 실제 사건의 범인이 유죄판결을 받았는데, 범행과 수사 그리고 재판 과정까지 소설의 내용과 흡사하여 화제가 되기도 했다.

"
피사에서 태어난 이탈리아인, 포르투갈 문학의 전도사가 되다
"

타부키는 만년에 거의 매년 노벨 문학상 후보로 거론되었으며, 40여 개 언어로 번역되어 전 세계에 독자층을 가지고 있다. 그는 리스본의 적십자 병원에서 오랜 암 투병 끝에 세상을 떠났다. 그의 장례식은 그가 조국만큼이나 사랑했던 리스본에서 치러졌으며 유해는 고국 이탈리아에 묻혔다. 비록 노벨상을 타지는 못했지만, 포르투갈 정부와 프랑스 정부는 그에게 최고 훈장을 수여했다.

『페르난두 페소아의 마지막 사흘』
『Gli Ultimi Tre Giorni di Fernando Pessoa』

소설

이 책은 평생 페소아를 흠모하고 페소아를 연구해 온 안토니오 타부키가 페소아가 숨을 거두기 전 마지막 3일간을 상상하면서 이를 환상적으로 풀어낸 전기 소설이다. 그러므로 이 책은 소설이면서 전기이며, 환상문학이면서 추도사고 기념비다.

리스본의 시인 페르난두 페소아는 1935년 11월 30일 알코올 남용에 의한 것으로 추정되는 간부전증으로 사망했다. 페소아는 죽기 직전 3일간 그를 찾아오는 여러 명의 페소아를 만난다. 페소아는 실제로 살아서 활동할 당시에 자신의 이름보다도 가명으로 많은 작품을 발표했는데, 이 가명은 모두 80여 개에 이르는 것으로 알려져 있다(대개는 페소아가 지어낸 인물들이지만, 페소아의 실제 지인들의 이름도 등장한다). 이렇게 페소아의 가명으로 사용되었던 사람들이 한 명씩 페소아를 병문안한다는 것이 이 책의 설정이다.

이야기는 페소아의 사망 이틀 전인 1935년 11월 28일에 시작한다. 페소아의 오랜 이발사였던 마나세스 씨가 페소아에게 면도를 해 주기 위해서 찾아온다. 그는 지금의 '카사 페르난두 페소아'가 있는 거리에서 이발소를 하고 있었으며, 페소아가 그 동네에서 살았던 15년 동안 그의 면도를 해 주었다. 카를루스 에우제니우 모이티뉴 드 알메이다도 찾아온다. 그는 페소아가 근무하던 사무실의 사장일 뿐만 아니라 페소아의 친구이기도 했다. 오펠리아 케이로즈는 페소아가 일하는 무역회사의 타자수로 페소아의 삶에서 유일한 사랑의 대상이었다. 둘의 사랑은 강렬하고 짧았다. 알바루 드 캄푸스는 조선공학 박사학위를 가지고 있는 엘리트지만, 학위와 관련된 직업을 가진 적은 없다. 대신에 그는 멋진 시 「담배 가게」를 썼다. 히카르두 헤이스는 의사로, 브라질로 망명했다. 베르나르두 소아르스는 소박한 생활인으로 무역회사의 보조 회계사다. 안토니우 모라는 카스카이스 정신병원에서 죽은 철학자다. 이 모든 이들이 페소아의 일부이자 분신이라 하겠다.

> "페소아의 가명으로 사용되었던 사람들이
> 페소아를 방문한다"

『페르난두 페소아의 마지막 사흘』은 페소아의 문학과 그의 주변, 그리고 무엇보다도 소중했던 페소아 자신의 사적인 면모와 일상을 그를 사랑하는 사람의 눈으로 다시 정리한 것이다. 이 책을 쓴 타부키 역시 2012년 리스본의 한 병원에서 암으로 눈을 감았다. 이 소설은 타부키의 소설 작법 능력을 즐기면서 동시에 페소아라는 시인을 알아 갈 수 있는 일석이조의 책이다. 한글판(문학동네 간)에는 페소아(혹은 알바루 드 캄푸스)의 아름다운 시 「담배 가게」가 부록으로 수록되어 있다.

알파마 지구

알파마 Alfama

　알파마는 리스본의 중심인 바이샤 지구의 동쪽에 있는 언덕 지역이다. 보다 정확히는 정상頂上에 있는 상 조르즈 성에서 테주강 쪽 기슭으로 내려와서 테주강까지 이르는 경사 지대다. 이곳은 리스본에서 가장 오래된 동네로, 파두의 발생지이기도 하다. 오래된 골목과 집들이 모여 있고, 카페와 바와 파두하우스와 식당도 많다.

　알파마는 테주강을 바탕으로 생업을 이어 가는 어부들과 그들과 연계된 일을 하는 노동자 등 빈곤층의 거주지로 발전했으며, 지금도 가난한 사람들이 많이 산다. 리스본 대지진 때 이 지역은 대성당을 비롯하여 지진의 참화를 피한 덕분에 과거의 주거 환경이 아직도 남아 있다. 그래서 알파마의 독특한 서민 문화는 리스본을 대표하는 풍경 중 하나가 되었다. 골목은 좁고 낮에도 섬뜩할 정도로 인적 없는 길을 마주하는 경우도 있다.

　이 지역을 오르는 전차가 28번 노선이다. 건너편 언덕인 바이루 알투 지역과 이어져서 관광에 적합한 노선으로 인기가 많다. 28번 전차를 타고 대성당을 지나 상 조르즈 성을 따라가는 동안 전찻길 오른쪽으로 멋진 테주강의 풍경이 계속된다. 그 길을 따라 이른바 유명한 테라스들이 위치해 있는데, 그곳의 경치는 일일이 내려서 구경할 만한 가치가 있다.

알파마 지구의 테주강 변 방면

카사 두스 비쿠스 Casa dos Bicos, 주제 사라마구 재단 Fundação José Saramago

알파마 언덕으로 오르기 전에, 먼저 테주강 변의 동네 쪽을 찾아가 보자. 강을 따라 발달한 평지라 걷기 편하다. 코메르시우 광장의 카페 마르티뇨 다 아르카다 앞에서 동쪽으로 난 길을 따라서 쭉 걸어간다.

그러면 곧 독특한 모양의 건물 '카사 두스 비쿠스'가 나타난다. 지금은 주제 사라마구 재단이 들어 있는 건물로, 세계적인 소설가 사라마구의 기념사업을 하는 곳이다. 그런데 건물에 들어가기 전에 그 앞에 있는 작은 올리브 나무와 벤치를 먼저 찾아보자. 올리브 나무가 주인공이긴 하지만, 유럽에서 올리브 나무는 흔하니 그보다는 흰 콘크리트 벤치를 찾는 편이 나을 것이다. 벤치 앞 땅바닥에는 글씨가 적혀 있다.

> 그러나 땅에만 속해 있다면 별에는 다다를 수 없다
> Mas não subiu para as estrelas se à terra pertencia

이것은 주제 사라마구가 쓴 문구로, 거기 있는 올리브 나무가 바로 그의 무덤이다. 사라마구의 유언에 따라 수목장을 한 그의 무덤은 사람

주제 사라마구 재단

들이 오가고 심지어는 자동차의 매연까지 느껴지는 길 가운데 이렇게 놓여 있다. 누구나 이 벤치에 앉아 쉴 수 있다. 벤치에 앉으면 올리브 나무가 앞에 보이고 저 건너에는 테주강이 보인다. 벤치에서 사라마구(의 나무)를 마주하고 앉아서 그의 글을 바라보면, 삶이 무엇인지, 남은 삶을 어떻게 살아야 할지 생각하지 않을 수 없다.

이제 돌아서서 건물을 바라본다. 건물의 독특함이 눈에 들어온다. 벽이 모두 다이아몬드 모양으로 뾰쪽뾰쪽하게 튀어나와 있다. 그래서 이름도 '카사 두스 비쿠스'다. '뾰쪽코 집' 내지는 '스파이크 하우스'라는 뜻이다.

얼핏 보았을 때 특정한 사조나 시대를 떠올리기 어려운 독특한 형태를 선보이는 이 집은 1523년에 지어졌다. 이 집을 지은 귀족 브라스 드 알부케르케Brás de Albuquerque는 이탈리아 여행에서 보았던 페라라의 디아만티 궁전Palazzo dei Diamanti을 본떠 저택을 짓고자 했다. 디아만티 궁전은 벽면에 작은 피라미드형으로 튀어나온 장식 때문에 디아만티, 즉 '다이아몬드 궁전'으로 불렸는데, 이를 본떠 외부의 벽을 다이아몬드형의 부조로 장식한 것이다. 이 건물의 또 다른 특징은 창문이다. 창문이 일정한 모양으로 돼 있지 않고 다양하고 자유로운 모양과 크기를 가지고 있는데, 이는 마누엘 양식의 특징이다. 하지만 주인의 희망과는 달리 마을 사람들은 이 집을 다이아몬드 저택이 아니라 뾰족코 저택, 즉 '카사 두스 비쿠스'라고 불렀다. 같은 모양이라도 페라라 사람과 리스본 사람들의 시각은 달랐던 것이다.

이 집은 리스본 대지진 때 파괴되어 저택으로 사용하기가 어려워지면서 대구 상인들에게 넘겨졌고, 대구 상인들은 이 집을 테주강으로 들어온 어선들이 잡아 온 대구를 말리는 바칼라우 창고로 사용했다. 집의 주소가 지금도 '바칼라우 상인의 길Rua dos Bacalheiro'이니, 이 일대가 한때 대구 말리는 창고가 늘어서 있던 곳이었음을 알 수 있다.

그러다가 이 저택의 역사적 가치를 인정한 리스본시 당국이 집을 인수하고 원래의 모습을 되살려서 재건했다. 2012년에 개축을 완성한 건물에는 주제 사라마구 재단을 입주시켜 위대한 소설가의 업적을 기리는 장소로 탈바꿈시켰다. 건물 안에는 사라마구를 기념하는 도서관과 연구실이 있고, 사라마구의 책과 자료가 전시되어 있다. 그의 육필 원고와 노벨 문학상 메달도 볼 수 있다. 건물의 1층과 지하에는 리스본 대지진의 잔해를 그대로 두어서 볼 수 있게 했다.

주제 사라마구

주제 사라마구
José de Sousa Saramago, 1922~2010

인물

주제 드 수자 사라마구는 포르투갈 출신의 소설가 가운데 세계적으로 가장 널리 읽히는 작가이자 포르투갈 최초로 노벨 문학상을 수상한 작가다. 그의 소설은 문체나 형식이 독특하여, 그에 대한 광적인 애호가와 거리를 두는 독자들로 나뉘기도 한다.

사라마구는 1922년 포르투갈 중부의 작은 마을에서 땅 한 평 없는 소작농의 아들로 태어났다. 그가 세 살 때 아버지가 리스본에서 경찰관으로 근무하게 되면서 리스본으로 이사한다. 고등학교까지 마친 사라마구는 가난한 집안 형편 때문에 진학할 수 없게 되자 자동차 정비소에 취직한다. 하지만 공부에 대한 열정을 누를 수 없어 퇴근 이후에는 매일 저녁 도서관에서 홀로 문학을 공부했다. 1947년에 첫 소설 『죄의 땅』을 발표하지만 두 번째 소설은 출판이 좌절된다. 대신에 출판사에 자리를 얻어 번역이나 편집 등으로 생계를 유지했고, 신문기자로도 활동하면서 당시 독재자 살라자르를 비판하는 정치평론도 썼다.

1974년 카네이션 혁명으로 살라자르의 독재체제는 끝난다. 하지만 사라마구는 새롭게 정권을 잡은 좌파 정부와도 갈등을 빚고 신문사에서도 해고된다. 이 일로 사라마구는 다시는 직장을 찾지 않고 전업작가의 길을 걷는데, 이것이 소설에 매진하는 계기가 되면서 사라마구는 방대한 양의 소설을 생산하기 시작한다. 1979년 작 『바닥에서 일어서서』를 비롯하여 『수도원의 비망록』, 『돌뗏목』 등이 큰 성공을 거둔다.

"포르투갈 최초의 노벨 문학상 수상 작가"

'사라마기아노 스타일O Estilo Saramaguiano'이라고 부르는 그의 독특한 문체는 한 문장이 한 페이지를 넘길 정도의 만연체가 특징이다. 문장은 마침표도 쉼표도 없고 직간접 화법의 구분도 없다. 그는 문장부호가 글의 흐름을 막는다고 주장한다. 또한 민화적인 색채, 다양한 형용사, 초자연적 요소와 비현실적 구성, 환상적인 내용, 구어적이고 독백적인 어투 등도 그의 스타일이다.

사라마구는 1991년 예수를 새롭게 그린 『예수복음』(원제는 『예수 그리스도의 두 번째 복음』)을 출판하면서 교황청과 갈등을 빚었는데, 가톨릭 영향권 아래 있던 포르투갈 정부는 사라마구의 작품이 노벨 문학상 후보에 선정되지 못하도록 압력을 행사한다. 이에 환멸을 느낀 사라마구는 포르투갈을 떠나 스페인 카나리아 제도의 란사로테에 정착하고 이후 그곳에서 세상을 떠났다.

그는 1998년 노벨 문학상을 수상했다. 『눈먼 자들의 도시』, 『눈뜬 자들의 도시』, 『돌뗏목』, 『수도원의 비망록』, 『리스본 쟁탈전』 등의 작품이 널리 알려져 있다.

『눈먼 자들의 도시』
『Ensaio Sobre a Cegueira』

소설

시간도 장소도 알 수 없는 곳에서 소설은 시작된다. 그곳은 서울일 수도 있고 당신이 살고 있는 도시일 수도 있다. 물론 리스본으로 상정해도 상관없다(후속작이라고 할 수 있는 『눈뜬 자들의 도시』에는 리스본이라고 명시된다). 주인공은 도심에서 자동차를 운전하던 도중에 갑자기 실명한다. 당황한 그는 안과를 찾는다. 그러나 안과의사를 비롯하여 그와 접촉한 사람들도 차례로 그처럼 눈이 멀어 간다. 실명은 무서운 속도로 퍼져 나간다. 많은 사람들이 갑작스럽게 실명하는 사태가 벌어지자 당국은 눈먼 사람들을 격리하기 시작하는데, 장소는 안과가 아니라 정신병원이다. 사람들이 격리되기 시작하자 눈먼 안과의사의 아내가 등장한다. 그녀는 눈이 멀지 않았지만 남편과 헤어지지 않으려고 본인도 실명했다고 거짓말을 하고 남편을 따라 격리 장소로 들어간다.

이제 격리된 병원이 무대가 되고, 눈이 멀지 않은 의사 아내의 눈을 통해 그곳의 정황이 독자에게 보고된다. 환자들은 의료진 하나 없이 치료도 받지 못한 채로 군인들의 통제를 받는다. 수용소나 다름없는 병원의 열악한 상황은 점점 나빠지고, 인간의 이기심과 비열함이 서서히 드러난다. 환자에게 접근하면 실명한다는 것을 알게 된 군인들은 환자와 선을 긋고 선을 넘는 환자를 사살하기도 한다. 새로이 눈먼 사람들이 자꾸만 병원으로 들어오고, 수용 인원의 한계를 넘긴 병원의 질서는 붕괴한다. 약탈과 살해가 이어지고 사방에 배설물이 넘친다. 지친 사람들은 혼음을 하고, 군인들은 여자를 성폭행한다. 항거하는 환자들과 군인들 간의 충돌로 많은 이가 죽고 병원은 불타며 그 틈에 환자들은 탈출한다. 그러나 바깥 사회의 사람들도 모두 실명한 상태다. 도시는 쓰레기와 배설물의 천지가 되어 아비규환이다…….

"만약 우리 모두가 눈이 먼다면"

『눈먼 자들의 도시』는 인간의 본성에 대해 의문을 던지는 사라마구의 문학세계를 단순하고 강력하게 표현한 소설이다. 사라마구는 '만약 우리 모두가 눈이 먼다면'이라는 가정을 통해 이야기를 전개한다. 여기서 눈이 멀었다는 것은 육체적으로 눈이 먼 것 이상의 의미를 함축한다. 우리는 가진 것을 잃을 때 비로소 가진 것이 무엇인지를 알게 된다는 것이다. 또한 이 소설은 인간이 가진 야만적인 폭력성을 보여 주기도 한다. 희망은 아주 작은 모습으로만 존재한다.

이 소설은 쉽게 읽히지는 않는다. 문장이 나뉘지도 않고 따옴표도 없이 물살처럼 계속 이어지는데, 이는 사라마구 문학의 특징이다. 하지만 이런 사라마구의 작품 중에서는 비교적 쉬운 편에 속하며, 사라마구 세계의 입문서로 적합하다.

파두 Fado

리스본에 와서 결코 빠뜨릴 수 없는 것이 바로 파두다. 앞서 얘기했듯이 리스본은 오랫동안 전 세계로 나가는 수많은 배들의 출항지였다. 항로의 발견을 위한 탐험선을 위시하여 무역선, 어선 등 그 종류는 실로 다양했다. 그 배들은 지구 구석구석에서 그간 알려지지 않은 문물과 소식을 실어 왔다. 리스본에는 세계 각국의 정서가 모여들었다. 그중에는 이별의 회한과 돌아오지 않는 사람에 대한 기다림과 외로움 그리고 먼 곳에서 온 사람들이 가진 고향에 대한 그리움과 향수도 있었다. 그것들이 모여서 '사우다드'라는 독특한 감성을 만들어 냈다고 앞서 말한 바 있다.

그런 다양하면서도 짙은 감성들이 모여 새로운 음악을 만들어 냈다. 1820년에서 1830년에 이르는 시기에 탄생한 걸로 추정되는 이 음악, 독특한 리듬과 가락과 정서를 가진 노래를 파두라고 부른다.

내가 '파두Fado'라는 단어를 처음 본 것은 레코드판의 재킷에서였는데, 포르투갈 말을 몰랐던 나는 그것을 '파도'로 읽었다. 마치 바다에서 밀려오는 파도처럼……. 레코드가 돌아갈 때 그 속에서 찢어질 듯 절규하는 여가수의 음성은 파도란 단어와 잘 어울렸다. 나는 파두에 대한 지식이 없는 상태에서도 노래를 듣고서 바다로 나가서 돌아오지 않는 남자를 그리는 여인의 울음을 떠올렸다. 대신에 바다에 남은 것은 파도뿐, 연인을 잃은 여성의 가슴에 파도라는 노래가 이는 듯했다. 그렇게 파두는 한동안 나에게 '파도'로 각인되었고, 그 이미지는 발음이 비슷한 우리말인 파도와 붙어 다녔다. 파두의 본래 의미는 포르투갈 말로 '숙명' 또는 '운명'이라는 뜻인데, 이것이 그대로 장르의 이름이 되었다.

파두의 역사가 200년이 채 되지 않은 점은 흥미롭다. 이 장르는 대항해 시대 이후에 출현했는데, 이는 세계로 나아간 리스본이라는 도시의 다문화적 정체성이 그대로 반영되었음을 뜻한다. 실제로 가락과 리듬도 상당히 이국적이어서 그 원류를 유럽 내에서만 찾기는 힘들다. 포르투갈의 배가 바다 건너서 닿은 세계 각지의 음악이 섞인 것이다. 또한 회한을 절절히 그려 낸 시어로 이루어진 가사나 노래를 부르는 창법 역시 독특하다. 이런 여러 가치를 인정받아 파두는 유네스코 세계무형문화유산에 올라 있다.

파두는 노래를 기반으로 하는 만큼 가사와 목소리가 중요하지만, 반주도 그 못지않게 중요하다. 파두에는 필히 반주가 뒤따른다. 파두의 반주는 보통 현악기 두 개가 맡는다. 하나는 우리의 기타처럼 생겼고 다른 하나는 만돌린처럼 생겼다. 그런데 이곳에서는 기타처럼 생긴 것은 '비올라(혹은 파두 비올라viola de fado)'라고 부르고 만돌린처럼 생긴 것은 '기타라(혹은 포르투갈 기타guitarra portuguesa)'라고 부른다. 이 두 악기가 파두 반주의 기본이며, 때로 이 악기 중 한두 개가 더 추가되거나 베이스 기타viola baixo 또는 콘트라베이스 등이 가세하기도 한다. 이 모든 음악가들이 검은 옷을 입고 함께 빚어내는 음악이 전통적인 파두다. 아말리아 호드리게스의 공연 이후로는 파두를 오케스트라가 반주하는 일도 생겼다.

알파마 지구

파두 박물관 Museu do Fado

카사 두스 비쿠스에서 그대로 더 걸어가면 큰 건물이 테주강을 향해 서 있는데, 여기가 1998년에 문을 연 '파두 박물관'이다. 들어가면 먼저 눈을 사로잡는 것은 벽면을 가득 채우고 있는 파두 가수들의 사진이다. 흑백 사진 속에서 옛날 복장을 한 그들의 당당하고도 세련된 모습에서 한때 파두가 얼마나 유행했으며 리스본 시민들의 가슴에 깊이 자리 잡고 있었는가를 짐작하게 한다.

이곳에는 파두의 역사와 발전 과정을 느끼게 해 주는 다양한 전시물이 있다. 그중에서도 가장 흥미로운 것은 과거 파두의 명연주를 실제로 들어 볼 수 있는 감상실이다. 자리는 서너 개밖에 되지 않지만, 헤드폰을 끼고 가수와 음악을 고르면 소파에 앉아서 고색창연한 노래를 감상할 수 있다. 마음에 드는 노래를 듣다 보면 시간 가는 줄 모르고 빠져

파두 박물관

든다. 그 외에도 파두에 관한 서적과 잡지, 음반, 악보, 악기, 소품, 서류 그리고 유명 가수들의 사진과 포스터, 엽서 등을 전시하고 있으며, 개중에는 상점에서 구입이 가능한 것들도 있다. 특히 이곳에는 제법 잘 만들어진 파두 공연장도 있다. 영어로 된 오디오가이드가 제공된다.

산타 아폴로니아 역 Estação de Santa Apolónia

파두 박물관에서 더 걸어가면 나타나는 기차역이 산타 아폴로니아 역이다. 한때 리스본의 주요 기차역이었으며, 현재 포르투갈에서 가장 오래된 역이기도 하다. 그러므로 기차와 역을 사랑하는 사람들에게는 각별한 장소이며, 특히 철도 마니아들에게는 과거 역사의 모습을 감상할 수 있는 소중한 장소다.

한동안은 리스본 중앙역 구실을 했던 역이지만, 시 외곽에 현대적인 오리엔트 역이 생기면서 이제는 추억을 간직한 역으로서 몇몇 노선만 유지하며 명맥을 이어 가고 있다. 지금의 역사는 1873년에 신고전주의 양식으로 완성되었다. 대칭 형태의 파사드는 밖에서 보면 별것 아닌 것 같지만, 안에서는 유리와 철골로 만든 19세기 말의 건축 구조를 관찰할 수 있다. 특히 플랫폼을 둘러싼 역사는 총 길이가 117미터에 이른다.

국립 판테온 Panteão Nacional

산타 아폴로니아 역에서 알파마 언덕으로 난 좁은 길을 조금 올라가면 크고 잘생긴 흰 건물이 나타난다. 이곳은 포르투갈의 국가적 인물들의 유해가 잠들어 있는 '국립 판테온'이다. 원래는 산타 앵그라시아 성당 Igreja de Santa Engrácia이었다. 100년 이상의 오랜 공사를 거쳐서 1681년에

국립 판테온

완성한 바로크식 성당이다.

포르투갈이 공화국이 된 다음에 국가적인 인물들의 유해를 모시기 위한 판테온을 만들기로 결정하고, 오랜 개조 공사를 거쳐 1966년에 완공했다. 특별히 추가적인 인테리어를 하지는 않았지만 방문객을 압도하는 위엄이 있다. 옥상까지 올라가면 좋은 전망을 볼 수 있다. 이곳에는 해양왕으로 유명한 엔히크 왕자를 위시하여 항해왕 바스쿠 다 가마, 파두의 여왕 아말리아 호드리게스, 축구 황제 에우제비우, 시인 루이스 드 카몽이스, 여성 시인 소피아 드 멜루 브라이너 안드레센 등 다들 각자의 분야에서 왕이나 여왕이 된 사람들이 묻혀 있다.

아줄레주 Azulejo

바이샤 지구를 걷다 만나는, 퇴색했지만 멋들어진 건물들을 보면 누구나 아련함에 젖게 된다. 이 지역에서 만나는 대부분의 건물은 외벽에 타일을 붙이고 있다. 그 타일들은 마치 지난 시절 우리네 목욕탕에 붙였던 타일과 모양이나 크기가 비슷하고 색깔과 무늬도 별반 다르지 않다. 마치 동네 목욕탕이 바깥을 향해 옷을 뒤집어 입고 늘어서서 제 모습을 자랑하는 것 같다. 가까이 가서 자세히 보면 건물마다 타일의 무늬나 색조가 다 다르다.

이런 타일들을 '아줄레주'라고 부른다. 바다에서 불어오는 소금기 많은 바람이 건물의 벽을 부식시키기 때문에, 건물을 보호하는 차원에서 벽 위에 타일을 덧붙인 것이다. 이렇게 실용적인 목적으로 발생한 아줄레주는 점점 예술의 수준으로 발전했다. 건물주들은 미관을 위해, 자신의 부를 과시하기 위해, 가문과 관련 있는 여러 가지 의미나 공적을 기

록하기 위해 아줄레주를 사용하기 시작했다. 이후 아줄레주는 실내 장식으로도 확대되어 실내외를 막론하고 적용되기도 했다.

아줄레주는 원래 이슬람 계통의 장식기술에서 온 것으로, 이슬람과 스페인의 여러 기술이 융합하면서 발전했다. 그러다 이윽고 포르투갈 땅에 와서 화려하게 만개한 것이다. 이렇게 포르투갈 건축의 중요한 특징으로 자리잡은 아줄레주는 포르투갈의 도자기 수준을 올려놓는 데에도 이바지했다.

아줄레주 국립 박물관 Museu Nacional do Azulejo, MNAz

산타 아폴로니아 역을 지나서 더 걸어가면 '아줄레주 국립 박물관'에 닿는다. 포르투갈의 아줄레주 문화를 알리고 보존하기 위해 1957년에 설립한 곳으로, 흔히 MNAz로 표기한다.

박물관은 원래 성모 수녀원 건물로 지금도 수녀원의 흔적을 느낄 수 있다. 건물의 건축과 장식은 17~18세기의 바로크 양식이다. 1755년 대지진으로 손상되었다가 이후에 복구된 건물은 약 100년 전에 국립 고대박물관의 일부로 이용되다가 다시 박물관 별관이 되었다. 그러다가 1957년에 굴벤키안 재단이 이 수녀원에 많은 작품을 기증하면서 전시회를 열었는데, 그 전시가 끝나자 건물을 아줄레주 박물관으로 사용하자는 의견이 나왔다. 그리하여 지금은 국립 고대박물관에서 독립해 독자적인 국립 미술관으로 운영 중이다.

이곳은 리스본 각지의 중요한 아줄레주들을 벽째로 옮겨 전시하고 있어서 세계적 수준의 타일 박물관이라 봐도 손색이 없다. 특히 바로크식 금박으로 장식된 예배당의 상부와 아줄레주로 장식된 하부의 조화는 '이것이 바로 포르투갈식 인테리어'라며 웅변하는 듯하다. 또한 대지진으로 파괴되기 이전의 리스본의 모습을 23미터 길이의 프리즈friez로 만든 아줄레주 벽화도 인상적이다.

내부에 있는 카페 역시 아줄레주로 장식한 아름답고 소박한 취향의 장소인데, 어쩌면 리스본 전체를 통틀어 가장 멋진 카페일지도 모른다. 이곳에서 차를 마시면서 여행의 여유를 가져 보자. 시간여행을 온 듯한 기분이 들 것이다.

아줄레주 국립 박물관

알파마 지구의 언덕 방면

대성당 Sé de Lisboa

이제는 코메르시우 광장에서 대성당 쪽으로 올라가는 전찻길을 따라서 알파마 언덕을 올라가 보자. 전차를 타도 되지만 천천히 걸어서 가도 된다. 곧 리스본 대성당이 눈앞에 나타난다. 대성당을 찾는 사람들은 먼저 성당 앞의 길 건너편에서 카메라를 들고는 지나가는 전차를 기다리다가 전차가 지나가면 재빨리 카메라 셔터를 누른다. 대성당을 배경으로 그 앞에 노란 전차가 언덕을 내려오는 사진이 한동안 리스본을 상징하는 사진이었기 때문이다. 이 구도는 예쁘기는 하지만, 너무 천편일률적이기도 하다.

리스본의 역사에서 특히 중요한 장소인 알파마 지역을 지키고 있는 대성당은 대지진을 잘 견뎌 낸 것만으로도 자랑할 만한 리스본의 상징이다. 지금도 리스본 대주교가 이곳을 지키고 있다. 그러니 알파마 지구를 오르는 전차와 대성당의 조합은 실제로 상징적인 의미가 깊다 하겠다. 1147년에 처음 지어질 때에는 로마네스크 양식이었지만, 거의 900년의 세월을 지나면서 여러 가지 건축 양식과 세월의 풍상이 뒤섞여 다른 어디에서도 볼 수 없는 개성을 지니게 되었다.

대성당

콘세르베이라 드 리스보아 Conserveira de Lisboa

리스본 대성당으로 올라오기 조금 전에 오른쪽 길로 내려가면 있는 가게다. 정어리 통조림이 유명한 리스본에서 통조림을 사고 싶다면 가장 저명하고 전통 있는 가게인 이곳을 권한다. 1930년부터 이 자리에서 통조림만 팔아 왔으며, 정어리뿐만 아니라 문어나 연어, 참치, 앤초비 등 다양한 생선 통조림을 취급한다. 특히 리스본의 유명한 상표인 트리카나Tricana를 많이 볼 수 있는데, 맛보다는 레트로풍의 멋진 디자인 때문에 수집가들에게 인기가 높다.

산타 루시아 전망대 Miradouro de Santa Luzia

대성당을 지나서 상 조르즈 성을 올라가는 전찻길을 따라 조금만 올라가면 오른편으로 테주강을 바라보는 테라스들이 나타난다. 그중에 거의 처음에 나타나는 테라스가 '산타 루시아 전망대'다. 한때는 유명했지만 지금은 그렇지 않다. 그러나 리스본 공성전攻城戰 때 무어인과 싸우던 모습을 담은 담벼락의 아줄레주만큼은 여전히 중요하다. 앞에 늘어선 기둥들이 시야를 가리기는 하지만 그 나름대로 운치가 있다. 작고 쇠락했지만 그 덕에 상대적으로 사람이 적어서 다른 전망대보다 이곳을 더 선호하는 사람들도 있다.

포르타스 두 솔 전망대 Miradouro das Portas do Sol

산타 루시아 전망대에서 조금만 더 올라가면 '포르타스 두 솔 전망대'가 나타난다. 이 전망대가 상 조르즈 성을 올라가는 길에 있는 전망대들 중에서 가장 유명하다. 눈앞에 펼쳐지는 드넓은 알파마와 테주강의 풍경에 가슴이 탁 트인다.

  이곳의 아름다움은 심장을 저리게 하고 숨을 멎게 한다. 새파란 하늘, 아래로는 테주강, 강으로 오르내리는 기선들, 그리고 눈앞 가득 펼쳐진 붉은 지붕과 흰 벽의 건물들, 창가의 제라늄과 가난한 빨래들……. 베란다의 제라늄과 빨래는 내게 어머니의 모습을 떠올리게 한다. 비록 눈에는 보이지 않지만 가난한 집집마다 굳센 살림꾼이 있음을 직감케 한다. 어쩌면 이 장면을 보기 위해서 내가 리스본에 온 것이 아닐까? 적어도 리스본에 온 커다란 이유 중의 하나임은 분명하다. 여기서는 거리의 악사가 부르는 노래가 나그네의 여수旅愁를 달래줄 것이다. 다만 인파가 북적이는 게 흠이라면 흠이다. 주변에 카페도 몇 개 있다.

포르타스 두 솔 전망대에서 바라본 풍경

알파마 지구

상 조르즈 성 Castelo de São Jorge

알파마 지구 언덕 맨 위에 있는 크고 당당한 성채가 '상 조르즈 성'이다. 대성당을 지나 알파마 언덕을 올라오면, 전차를 타든 택시를 타든 아니면 천천히 걷든 결국 마지막에는 상 조르즈 성 앞에서 돈을 받아 내는 봉이 김선달 같은 매표소에 다다른다. 여기서 내려다보이는 경치가 압권이다. 리스본 시가지가 가장 잘 보이는 위치 중 하나다. 테주강의 풍경도 멋지며 멀리 4월 25일 다리도 보인다. 특히 저녁에 테주강 너머 해가 지는 모습이 압권으로, 이 모습을 보기 위해서 사람들이 일몰 시간에 맞춰 모여든다.

이곳은 군사적 가치가 높아서 기원전 2세기부터 요새가 있었다고 전한다. 로마시대부터 성을 쌓았는데, 지금의 성채는 중세에 지어지기 시작한 것이다. 이후에는 무어인들의 통치 아래에 있다가 이베리아반도

상 조르즈 성

의 국토수복운동 '레콩키스타Reconquista'의 일환인 1147년 리스본 공성전(주제 사라마구의 소설 『리스본 쟁탈전』의 배경이다)을 통해 포르투갈측이 이곳을 함락시켰다. 알폰수 3세는 성을 개조해 요새형 주거지인 알카사바로 사용했다. 이후 확장을 거쳐 탑 77개를 가진 5.4킬로미터에 이르는 거대한 성벽을 갖추게 되었다. 요새는 리스본을 함락하려는 외세의 침략을 여러 차례 막아 냈다. 그러나 1755년 리스본 대지진이 성을 심각하게 파괴시켜 더 이상 요새로는 쓸 수 없게 되었다. 그 뒤로는 군사 주둔시설이나 빈민아동 보호소 등으로 사용되었다.

리스본에 오면 아마 이 성에 서서 도시를 바라보는 시간을 갖게 될 것이다. 그야말로 '황성荒城 옛터'라는 말이 어울리는 곳이다. 애수에 젖어 따뜻해진 가슴을 안고 내려올 때는 쭉 내리막길이니, 굳이 탈것을 이용하지 않고 천천히 걸어서 내려와도 시내는 멀지 않다.

그라사 전망대 Miradouro da Graça

진짜 이름은 '소피아 드 멜루 브라이너 안드레센 전망대Miradouro Sophia de Mello Breyner Andresen'지만, 이름이 길다보니 옆에 있는 성당 이름을 따서 '그라사 전망대'라고들 부른다. 다른 전망대와는 달리 소나무 숲과 노천카페가 있어서 쉬기 좋고 분위기도 멋지다. 나무 그늘 아래서 전망을 바라보면서 여유를 누릴 수 있다. 소피아 드 멜루 브라이너 안드레센은 20세기에 활약한 리스본의 시인이자 살라자르의 독재에 항거한 지성인이기도 했다. 이 시인의 이름을 붙인 전망대 한쪽에는 그녀의 흉상이 자리잡고 있다.

소피아 드 멜루 브라이너 안드레센

Sophia de Mello Breyner Andresen,
1919~2004

인물

 아름다운 알파마 언덕에 자신의 이름을 남긴 시인이 있다면 궁금하지 않을 수 없다. 다소 특이한 성에서 알 수 있듯, 소피아 드 멜루 브라이너 안드레센의 가계는 덴마크에서 왔다. 유명한 동화 작가의 성을 물려받은 그녀의 할아버지는 코펜하겐에서 포르투로 이주했고, 그곳에서 상업으로 성공했다. 유복한 가톨릭 가정에서 성장한 그녀는 평생 가톨릭의 가르침에 따라 성실하고 치열하게 살았던 작가이자 시인이자 투사였으며 어머니였다.

 어린 시절을 포르투에서 보낸 그녀는 리스본 대학에 진학하면서 리스본에 정착한다. 대학 시절 살라자르의 독재 정권의 만행에 저항하여 사회운동과 반정부운동에 참여했다. 그녀는 먼저 가톨릭 모임을 통하여 독재 정권을 향한 투쟁을 시작했다. 나아가 글을 통해 정권을 공개적으로 비판하기 시작했다. 1974년 카네이션 혁명이 성공한 뒤 잠시 정치에 몸담기도 했다.

 스물여섯 살에 변호사이자 유명 정치가인 프란시스쿠 수자 타바레스Francisco Sousa Tavares와 결혼하여 자녀 다섯을 두었다. 그중 아들 미구엘 안드레센 드 수자 타바레스Miguel Andresen de Sousa Tavares (1950~)는 부모를 이어 작가이자 변호사로 활동했으며, 저명한 논객이자 베스트셀러 작가가 되었다.

하지만 안드레센은 기본적으로 작가이자 시인이었다. 그녀는 어린이들을 사랑해서 아동을 위한 『사례들의 이야기』, 『땅과 바다의 역사』 등의 책을 썼으며, 『바다 소녀』, 『덴마크에서 온 기사』, 『숲』, 『청동 소년』, 『요정 오리아나』 등 많은 시집을 출간했다.

> **시는 이상적인 삶이 아니라
> 구체적인 삶이다.**

그녀는 "시는 이상적인 삶이 아니라 구체적인 삶이며, 그것을 말로 표현하는 것"이라고 말했다. 그래서 그녀의 시에서는 창문의 각도, 거리의 공명, 도시와 방, 벽에 드리워진 그림자, 갑작스럽게 떠오른 얼굴, 별들의 침묵, 거리와 밝기, 밤의 숨, 참외나무와 오레가노의 향기 등 삶의 사소한 감각적 요소들이 모두 소중히 다루어지고 있다. 그리고 그 작은 조각들의 배경에는 그녀의 고향인 포르투와 이후 삶을 보낸 리스본의 공통점이라 할, 드넓은 바다가 언제나 드리워져 있다.

안드레센은 2004년 리스본에서 84세의 나이로 영면했다. 그녀가 좋아하던 전망대는 그녀의 이름을 따 명명되었고, 그 한쪽에 세워진 그녀의 청동상은 매일 리스본의 석양을 감상하고 있다. 2014년에 국가의 최고 공로자들을 안치하는 판테온에 이장되었다. 아말리아 호드리게스 이후 여성으로서는 두 번째에 해당하는 영예였다.

폼발 광장 북쪽 지역

폼발 광장 북쪽 지역

특별히 하나의 구역으로 부르기 애매한 지역이라 이런 이름을 붙였다. 이 지역은 바이샤, 바이루 알투, 시아두 및 알파마 같은 지역보다는 덜 유명하지만, 그래도 이곳에서만 만날 수 있는 매력적인 장소들이 있다. 특히 새로운 건축물과 중요한 박물관, 학교, 기관 등이 많다.

폼발 후작 광장 Praça Marquês de Pombal

리스본 시내를 자동차로 몇 번 오가다 보면 몇 차례나 마주치는 커다란 로터리 같은 곳이 있다. 여기가 시내의 중심이자 랜드마크인 '폼발 후작 광장(또는 폼발 광장)'이다. 이곳은 아베니다 다 리베르다드 대로가 시작하는 지점으로, 그 뒤편에는 에두아르두 7세 공원이 펼쳐져 있다(공원이지만 차도로 둘러싸여 있어서 접근이 쉽지 않다).

이 광장에서 가장 눈에 띄는 것은 40미터에 달하는 높은 탑 위에 서 있는 폼발 후작의 청동상이다. 1934년에 세워진 이 당당한 동상은 충직해 보이는 사자와 함께 대지진 이후 본인이 재건한 리스본의 중심부인 아베니다 다 리베르다드와 바이샤 지구를 자랑스레 바라보고 있다.

폼발 후작

Marquês de Pombal, 1699~1782

인물

리스본에 오면 가장 많이 접하는 이름이 폼발 후작이다. 실제로 그가 없었다면 지금의 리스본은 없었을 것이다. 18세기 유럽의 계몽정치가인 그의 정식 이름은 그의 높은 지위 및 방대한 업적만큼이나 길다. 제1대 폼발 후작 세바스티앙 주제 드 카르발류 이 멜루Sebastião José de Carvalho e Melo, 1.º Marquês de Pombal, 1.º Conde de Oeiras다.

왕실 기병대장을 아버지로 둔 명문가 태생의 폼발은 명문 코임브라 대학에서 공부했지만 도중에 그만두고 입대한다. 그러나 군 생활 역시 그에게 맞지 않아서 군대 역시 포기하고 다시 법학과 역사학 공부로 돌아온다. 1733년에 결혼한 폼발은 코임브라 근처의 작은 마을로 이주해 농사를 지으면서 학문에 열중한다.

1738년 리스본으로 다시 돌아온 폼발은 당시 국왕 주앙 5세의 총리였던 주앙 다 모타의 천거를 받아 영국 대사에 임명되며 늦은 나이에 정치외교 분야에 데뷔한다. 그는 런던에서 뛰어난 실무적 능력과 정치적 수완을 발휘하면서 정부로부터 중용받기 시작한다. 런던에 근무하던 7년 동안 그는 선진적인 영국의 정치경제 제도와 사회 현상을 관찰하고 연구한다. 1745년에는 다시 오스트리아 대사로 임명되어, 빈의 마리아 테레지아 여제와 로마 교황청 간의 분쟁을 중재하는 큰 임무를 맡는다.

1750년에 서거한 주앙 5세에 이어 즉위한 주제 왕자는 세 명의 공동총리를 임명하는데, 폼발이 그중 한 명이었다. 그렇게 다시 리스본으로 돌아온 폼발은 국왕의 전폭적인 신임을 받으며 국정을 장악하고, 포르투갈의 산업을 발전시킨다.

> **죽은 자는 묻고
> 산 자는 치유하라**

그러던 1755년에 리스본 대지진이 일어나 도시는 쑥대밭으로 변한다. 폼발이 추진하던 모든 개혁은 멈췄지만, 오히려 지진은 폼발의 이름을 역사에 남기는 기회가 되었다. 이제 무엇을 해야 하냐는 절망 섞인 물음에 폼발은 "죽은 자는 묻고 산 자는 치유하라"고 대답했다. 그는 즉각 군대를 동원하여 피해자를 돕고 이재민을 보호했으며, 수용소와 병원을 설치한다. 그는 이러한 추진력을 인정받아 잿더미가 된 리스본을 재건하는 총책임자가 된다.

그는 건축가 에우제니우 두스 산투스를 기용하여 완전히 새로운 계획도시를 건설했으며, 리스본은 이를 통해 국제적인 인프라를 갖춘 도시로 발전한다. 지금 폼발 후작 광장에서부터 코메르시우 광장에 이르는 일대는 거의 다 당시에 폼발 후작에 의해서 만들어진 모습으로, 당시에 지어진 건물을 '폼발 양식'이라고 부른다.

리스본 대지진

성심 성당 Igreja do Sagrado Coração

'성심 성당'은 폼발 후작 광장 근처에 있는 현대식 성당이다. 리스본의 성당이라면 대부분 오래된 문화재를 연상하겠지만, 이곳은 현대 건축물이다. 건축가 누누 포르타스Nuno Portas와 테오토니우 페레이라Teotonio Pereira가 함께 설계한 이 건물은 기존의 전통 성당 건축 양식에 정면으로 도전한 현대 건축이 낳은 명작이다. 1966년에 완성된 성당은 회색 콘크리트의 엄숙함과 직선적인 공간의 장중함을 통해 종교적 심성이 샘솟게 한다. 오르간, 십자가, 조명, 의자 어느 것 하나 범상치 않다. 교회 건축에 관심이 있는 사람은 놓쳐서는 안 될 곳이다. 미사에 참여해 본다면 더욱 좋을 것이다.

에두아르두 7세 공원 Parque Eduardo VII

폼발 후작 광장에 서 있는 후작의 동상을 바라보면 그 뒤편으로 아름답게 펼쳐진 초록색 대지가 눈에 들어온다. 이것이 '에두아르두 7세 공원'으로, 리스본의 중앙에 위치한 시민 공원이다.

경사면을 따라서 비스듬하게 조성된 공원의 면적은 8만 평으로, 잘 손질된 프랑스풍 정원이다. 원래 이름은 '자유공원Parque da Liberdade'이었는데, 1902년에 영국 왕 에드워드 7세의 방문을 기념해 개명했다. 공원 안에 거대한 '카를루스 로페스 파빌리온Carlos Lopes Pavilion'이 있다. 1922년 리우데자네이루 만국박람회 때 설립한 포르투갈관을 그대로 옮긴 것이다. 그 외에 거대한 온실도 볼만하다. 리스본 도서전이 여기서 열린다. 공원 맨 위쪽에는 세계에서 가장 큰 포르투갈 국기가 걸려 있다. 그 밑에 앉거나 누워서 석양을 바라보노라면 이국 여행의 흥취가 더욱 우러난다.

에두아르두 7세 공원

칼루스트 굴벤키안
Calouste Gulbenkian, 1869~1955 — 인물

    칼루스트 굴벤키안은 지금의 이스탄불인 오스만 투르크의 콘스탄티노플에서 태어났다. 그는 아르메니아 혈통으로 아버지는 러시아 남부 코카서스 지역에 방대한 석유 시추권을 소유한 귀족이었다. 그는 과학자가 되고 싶어 했지만 가업을 잇기 원하는 아버지의 권유로 영국에서 화학공학을 공부했다. 아르메니아로 돌아와서는 중앙아시아 지역의 석유를 면밀히 조사했다.

    그러던 중 1895년에 민족주의가 팽배해지자 오스만 투르크 정부는 아르메니아인을 상대로 대량 학살을 자행했는데, 이때 굴벤키안은 가족과 함께 이집트로 피신했다. 이 시기에 맺은 인맥으로 그는 영국과 러시아 사이의 석유사업에 참여하고, 이후 런던과 파리에 거주하면서 유럽에 파견된 오스만 외교관들의 재정 및 경제 자문 역할을 하게 된다.

    1908년 터키혁명 이후에 굴벤키안은 터키국립은행과 함께 메소포타미아 지역에 터키 정유회사를 세운다. 일찍이 그가 그 지역의 조사를 해 두었던 것이 원천이 되었다. 제1차 세계대전 이후 오스만 제국이 무너지면서 회사는 이름을 바꾸지만, 굴벤키안의 지분은 계속 유지된다. 그는 정유회사 수익의 5퍼센트를 받아서 '미스터 5퍼센트'라는 별명을 얻었다.

그와 포르투갈의 인연은 그가 파리에 머물던 시절에 주불 포르투갈 대사의 초대로 시작되었다. 그 후로 그는 출장 때마다 리스본에 머물면서 이 도시의 매력에 빠졌다. 이후 제2차 세계대전이 발발해 나치가 파리를 점령하자 굴벤키안은 아예 리스본으로 이주했다. 그는 생을 마감할 때까지 마지막 13년을 리스본에서 살았으며, 아름다운 도시와 순진무구한 리스본 사람들을 진정 사랑했다.

"리스본과 사랑에 빠진 석유왕"

어린 시절 골동품 가게를 돌면서 고대의 동전을 모으던 굴벤키안의 수집 취미는 평생 이어졌다. 그가 말년에 이르렀을 때는 그 소장품이 6,000여 점에 이르렀다. 특히 그는 유럽, 아프리카, 아시아, 러시아 등의 경계를 넘나들면서 사업을 했던 만큼, 그의 소장품들은 다양한 문화를 넘나드는 넓은 스케일을 보여 준다. 세계대전으로 인해 그는 수집품을 런던에 이어 뉴욕으로 옮겼는데, 이 과정에서 그의 수집품은 여러 곳에 나뉘어 보관되었다.

자신의 수집품을 한곳에 모으고 싶었던 만년의 굴벤키안은 결국 굴벤키안 재단을 설립하고 오랜 외교적 노력 끝에 모든 수집품을 한자리에 모았다. 이 수집품들이 모두 모인 곳이 바로 그의 제2의 고향 리스본이다.

칼루스트 굴벤키안 박물관 Museu Calouste Gulbenkian

리스본에 왔다면 절대로 빠뜨려서는 안 되는 곳이 '칼루스트 굴벤키안 박물관'이다. 이 놀라운 컬렉션 현장에 들어가기 전에 미리 알아두면 좋을 게 있다. 이곳에서는 아르메니아 출신 사업가 칼루스트 굴벤키안이 평생에 걸쳐 수집한 수집품 6,000여 점 중에서 1,000여 점을 선별해 전시하고 있다. 이 컬렉션은 세계적으로 훌륭한 개인 컬렉션 중 하나로 치며, 이 박물관 역시 유럽에서 손꼽히는 훌륭한 박물관이다. 이곳의 수집품들은 지역적으로는 유럽, 아프리카, 중앙아시아, 동아시아, 러시아 지역까지 망라하며, 고대의 작은 구슬이나 동전에서부터 최고 수준의 현대 회화까지 그 시대와 분야 역시 폭넓게 다룬다. 세계의 수많은 개인 컬렉션들 중에서도 단연 광범위하고 지적이며 호화스럽고, 무엇보다도 정열적인 한 남자의 일생이 느껴지는 열정적인 컬렉션이다.

굴벤키안은 고대 문명 및 중앙아시아와 동아시아 문화에 높은 관심과 애정을 가지고 있었다. 이는 그가 유럽에서 사업을 하면서도 아르메니아인으로서 자기 혈통과 뿌리에 대한 관심을 가졌던 데서 기인하다. 그리스, 로마, 페르시아, 터키, 시리아, 코카서스, 인도, 중국, 일본에서 가져온 수집품들은 도자기, 유리 세공품, 금속 세공품, 가구, 양탄자, 의복, 회화, 서적, 지도 등을 망라한다. 이렇게 다양한 지역과 다양한 시대의 보물들을 한꺼번에 만나기도 쉽지 않다. 또한 희귀한 양피지 필사본이며 중국의 수준 높은 대형 도자기들, 아르누보 시대의 가구와 보물급 장식품도 눈여겨볼 만하다. 어설픈 전시물이 하나도 없어 굴벤키안의 높은 감식안을 확인할 수 있다. 근현대 회화들로는 반다이크, 루벤스,

칼루스트 굴벤키안 박물관

렘브란트, 마네, 모네 등의 걸작들이 있다.

굴벤키안은 아르누보 시대의 유리 공예가였던 르네 랄리크^{René Lalique}를 특히 좋아해 다양한 '랄리크 컬렉션'을 보여 준다. 그의 조국이 아르메니아인 만큼 '아르메니아 코너'도 별도로 있다. 마지막 하이라이트는 '굴벤키안 예술도서관'이다. 그가 평생 모은 예술과 건축 분야의 귀한 장서 3천여 권이 소장돼 있으며, 시민을 위한 열람실도 갖추고 있다.

모든 전시품을 둘러보고 나면 엄청난 감동과 그에 뒤따르는 수만 가지 생각으로 머릿속이 가득 찰 것이다. 그때 카페테리아에 들르기를 권한다. 박물관 관람에 지친 사람들을 위해 소박한 식사와 음료를 판다.

칼루스트 굴벤키안 박물관 카페테리아와 정원

칼루스트 굴벤키안 박물관 내부

이 카페테리아만의 큰 장점을 누리려면 바깥 테라스나 테라스 옆의 창가 자리에 앉아야 한다. 덩그렇게 박물관만 있는 것이 아니라 대학 캠퍼스같이 넓은 부지에 어지간한 공원 이상으로 가꾸어진 조경이 당신을 반겨 줄 것이다. 작은 연못과 날아다니는 새들이 함께하는 아름다운 광경은 속세를 잊게 하기에 충분하다.

지금까지 설명한 건물이 '칼루스트 굴벤키안 박물관'이다. 건물 자체의 설계 또한 대단히 뛰어나서 유리창을 통해 끌어온 빛과 바깥 정원의 풍경이 전시물들과 완벽하게 조화를 이룬다. 1969년에 지어진 건물이라는 것이 믿기지 않을 정도다. 그 옆에 있는 또 다른 건물은 '주제 드 아제레두 페르디가옹 현대미술 센터Centro de Arte Moderna José de Azeredo Perdigão'라는 이름의 현대미술관이다. 20세기 초의 포르투갈 작품을 중심으로 1만여 점에 이르는 현대미술품을 소장하고 있다. 나머지 하나는 음악당과 도서관이 같이 있는 건물로 굴벤키안 재단의 본부 건물이다. 이 세 건물은 모두 숲속의 오솔길을 따라서 연결되어 있으며, 점심시간에는 시민들이 자유롭게 오솔길을 산책하고 벤치에 앉아 담소하는 모습을 볼 수 있다. 정원에는 야외 공연장도 있는데, 적지 않은 시민들이 객석에 앉아 새소리를 벗하며 독서하고 있는 모습이 인상적이다. 오솔길을 돌다 보면 근엄해 보이는 굴벤키안의 동상을 마주하게 된다. 다소 위압적인 모습에도 불구하고 그의 위대한 컬렉션을 보고 난 직후라면 자연스레 경의를 표하고 싶어질 것이다.

굴벤키안 재단의 핵심 사명은 문화와 예술 그 자체에 대한 지식에 앞서 사람과 환경 간의 관계에 대한 인식을 확장하고 다른 민족, 문화,

종교를 한데 어울리게 하려는 것이다. 그래서 그런지 굴벤키안 미술관을 나설 때쯤에는 늘 수많은 상념과 발상으로 인해 머리가 터질 것 같다. 굴벤키안의 부와 예술에 대한 열정, 동서양 문화에 대한 그의 방대한 지식과 애정 역시 대단하지만, 한 거부가 이렇게 대단한 선물을 모든 민중들에게 남기고 떠났다는 점이 가장 인상 깊다. 이런 부자라면 진정 존경하게 된다. 많은 민족과 국가와 문화의 경계인으로 살았던 굴벤키안은 나라 없는 민족, 소수 민족까지 포함하여 모든 인류가 동등하게 행복을 누려야 한다는 신념으로 평생을 보냈다.

이곳에 오려면 필히 반나절 이상을 준비해야 할 것이다. 특히 이곳의 카페테리아에서 점심을 먹는다면 그날은 리스본에서 보낼 수 있는 가장 행복한 하루가 될 것이다.

굴벤키안 오케스트라 The Gulbenkian Orchestra, Orquestra Gulbenkian

칼루스트 굴벤키안을 떠올리면 '이렇게 끊임없이 시민들에게 문화라는 선물을 만들어 주려고 했던 사람이 또 있을까?'라고 자문하게 된다. 굴벤키안 재단은 1962년에 12명으로 구성된 굴벤키안 실내악단을 설립한 뒤 매달 시민을 위한 콘서트를 열었다. 이 공연이 호응을 불러오자 실내악단은 1971년에 대형 오케스트라로 확대 편성되어 지금은 66명의 정규 멤버를 가진 오케스트라가 되었다. 그동안 클라우디오 시모네, 무하이 탕, 로렌스 포스터 등 이름 있는 지휘자들이 수석 지휘자로서 콘서트를 이끌었다. 2017년부터 스위스의 샛별 로렌초 비오티가 수석 객원지휘자라는 직책으로 합류했다.

굴벤키안 재단에 있는 대강당 Grande Auditório을 중심으로 시민을 위한

칼루스트 굴벤키안과 그의 일가

정기 콘서트가 열리는데, 대부분 무료다. 세계적인 독주자들뿐만 아니라 재능 있는 젊은 음악가들과도 협연한다. 요즘은 오페라 공연도 하고 있으며, 굴벤키안 합창단도 만들어서 함께 운영하고 있다.

파스텔라리아 베르사유 Pastelaria Versailles

굴벤키안 박물관 근처에 있는 좋은 카페다. 1922년에 설립되어 거의 100년 동안 사실상 리스본 카페의 맥을 이어 오고 있는 전통의 장소다. 20세기 초의 모습을 잃지 않은 고풍스럽고 우아한 인테리어가 눈길을 끈다. 커피며 과자뿐만 아니라 포르투갈 음식을 중심으로 한 음식 대부분이 수준이 높고, 스태프들은 품위가 있다.

탈리아 극장 Teatro Tália

극장에 관심 있는 사람에게는 빼놓을 수 없는 곳이 탈리아 극장이다. 이 아름다운 곳은 리스본 상 카를루스 극장의 초대 극장장이자 오페라 애호가인 주아킹 페드루 퀸텔라 Joaquim Pedro Quintela(1801~1869)가 지은 개인 극장이다.

1825년에 지어진 극장을 사들인 퀸텔라는 1843년에 이탈리아 건축가 포르투나토 로디에게 신고전주의 양식으로 새롭게 고쳐 달라고 의뢰했다. 560석 규모의 작은 극장임에도 불구하고, 주인의 명성과 극장에 모이는 인사들의 위상 등을 통해 19세기 리스본 문화계에서 중요한 위치를 차지했다.

이후 세월이 흐르며 쇠락해가던 이 건물은 2012년에 전면적인 개·보수를 통해 현대와 과거가 절묘하게 조화를 이룬 공간으로 다시 태어

탈리아 극장 내부

났다. 낡은 벽돌벽이 노출된 공간에 크리스털풍의 아크릴 의자와 우아한 조명이 경이로운 조화를 이룬다. 지금은 리스본 메트로폴리탄 오케스트라Orquestra Metropolitana de Lisboa의 본거지이며 가끔 오페라도 공연한다. 극장의 정면 파사드에는 재미있는 문구가 새겨져 있다.

이곳에서 인간들의 관습은 벌 받을 것이다

Hic Mores Hominum Castigantur

리스본 음악원 고등 음악학교 Escola Superior de Música de Lisboa

앞서 바이루 알투 지구를 설명할 때 이미 리스본 음악원을 소개했다. 리스본 음악원을 보면 낡은 건물에 실망할지도 모른다. 그런데 이 학교가 분야별 전문성을 갖춘 여러 개의 학교로 해체, 독립했다는 이야기도 했다.

그 중 고등 음악학교는 최근에 완전히 새로 지어졌다(물론 다른 무용, 연극 및 영화 학교도 마찬가지다). 특히 완전히 현대식 건물로 지어진 고등 음악학교는 리스본에서 중요한 현대 건축물 중 하나로 손꼽힌다. 이것은 포르투갈의 현대 건축가인 주앙 루이스 카리유 다 그라샤João Luís Carrilho da Graça의 대표작 중 하나다. 건물 중앙부에는 잔디밭이 자리잡고 있으며 많은 시설들은 지하에 있다. 내부에 콘서트홀과 강의실, 연구실 등이 있는데, 노란색과 흰색의 조화가 마치 달걀로 만든 듯 독특한 느낌이다.

아구아스 리브레스 수로 Aqueduto das Águas Livres

리스본에 가면 예상치 못했던 거대한 수로와 만날 수 있다. '아구아스 리브레스 수로水路'다. 얼핏 로마시대의 것으로 착각할 수 있는데, 자세히 보면 근대의 디자인이다. 이 수로는 18세기 포르투갈의 뛰어난 공학적 능력을 보여 주는 사례다. 우리 눈에 보이는 주요 코스는 18킬로미터이지만, 그 전체 길이는 58킬로미터에 달하는 거대한 토목공사의 결과물이다.

예로부터 리스본은 식수가 부족했다. 테주강이 강이라고는 하지만, 민물이 아니라 짠물이어서 식수로 사용하기가 어렵기 때문이었다. 이에 물이 풍부한 지방에서 물을 끌어오기 위한 용수로 건설을 시작했다. 공사는 1730년에 시작해 1748년에 끝났다. 특히 리스본 시내의 계곡 지형 위에 세워진 드높은 수도교가 수로의 백미다. 물이 다리 위를 흘러가도록 35개에 이르는 아치가 1킬로미터에 걸쳐서 떠받치고 있다. 1748년부터 물을 흘려보내기 시작했고 그 후로도 건설이 이어졌다. 리스본 대지진 때도 수로는 거의 손상을 입지 않았다.

영화 「리스본 이야기」에 두 주인공이 이곳을 걷는 장면이 나오지만, 19세기 중엽 강력범죄와 자살 등의 문제가 발생하면서 통제가 시행되었다. 현재는 당국의 허가를 받지 않은 출입은 불가능하다. 수로에 관심이 있는 사람은 알파마에 있는 물 박물관Museu da Água에 가면 용수 공급과 수로 건설에 관한 자세한 전시를 볼 수 있다.

아구아스 리브레스 수로

벨렝 지구

벨렝 Belém

　벨렝은 리스본 시내에서 남서쪽에 해당하는 지역으로, 테주강 하류 쪽 강변을 따라 발달했다. 원래는 리스본과 다른 독립된 교구였지만 점점 커진 리스본의 한 구역으로 편입되었다. 제로니무스 수도원이라는 크고 중요한 수도원을 중심으로 발달한 이곳은 좋은 자연환경 덕에 많은 귀족들이 별장을 지었던 지역이기도 하다. 지금도 쾌적한 주거 지역으로 꼽혀 고급 주택들이 많다. 포르투갈 대통령궁이 된 벨렝궁 Palácio de Belém 도 이곳에 있다. 세련된 가게, 식당, 카페, 고급 호텔이 많고 다양한 박물관들도 자리한 문화 지역이다. 리스본 시내 중심부에서 이곳까지 가는 전철이 있다.

국립 고대미술 박물관 Museu Nacional de Arte Antiga

　'국립 고대미술 박물관'은 포르투갈에서 중요한 미술관 중 하나로 12~19세기 미술품을 소장하고 있다. 유럽을 비롯해 인도, 중국, 일본 등 아시아 미술 그리고 과거 포르투갈령 아프리카에서 수집한 방대한 미술품들이 있다. 예술적 감동은 물론이고 대항해 시대 포르투갈의 위력을 실감할 수 있는 곳이다.

20세기 초에 포르투갈 정부가 세속화 조치로 종교 시설들을 몰수하면서 그 건물들이 소장하고 있던 미술품, 특히 회화를 관리할 필요가 생겼다. 여기에 왕실 소장품과 개인 수집가들의 컬렉션 등 여러 경로로 국유화한 작품들이 컬렉션에 추가되면서 점점 미술관 설립의 필요성이 커졌다. 그래서 정부는 유명한 폼발 후작의 두 동생이 소유하고 있던 알보르 폼발 궁전을 사들여 개조한 뒤 1884년에 미술관으로 개관했다. 1940년에는 이웃의 알베르타스 수녀원 부지에 새로운 박물관 건물을 만든 뒤 인도교로 궁전과 연결시켜 박물관을 확장시켰다.

많은 전시품이 연대순으로 전시되어 있으며, 포르투갈 작품은 3층에 별도로 전시되어 있다. 알브레히트 뒤러, 한스 멤링, 히에로니무스 보스, 라파엘로, 티에폴로 등이 남긴 작품을 볼 수 있으며, 특히 16세기 플랑드르 화가들의 영향을 받은 포르투갈 화가들의 작품이 많다.

제로니무스 수도원 Mosteiro dos Jerónimos

이곳은 벨렝 지구의 상징이자 포르투갈 전체를 통틀어 빠뜨릴 수 없는 중요한 유산이다. 도착하기 전부터 가슴이 두근거리고, 주차장에서 보이는 엄청난 규모에 압도당한다. 늘어선 입장객들의 긴 줄을 보면 한숨이 나오지만, 안으로 들어가면 다시 탄성을 지르고 마는 인류의 보물이다. 이곳은 단순한 수도원이 아니라 세계를 무대로 활약했던 그들 조상들의 화려하고 드라마틱한 역사를 온전히 담고 있는 역사의 현장이다. 얼핏 고딕 양식처럼 보이지만, 자세히 보면 포르투갈 특유의 마누엘 양식이 조화롭게 혼재해 있다.

제로니무스 수도원

이 수도원은 바스쿠 다 가마를 중심으로 행해졌던 동방 항해의 성공에 대해 신에게 감사하는 뜻으로 세워졌다. 새로이 개척한 항로를 통한 동방무역으로 포르투갈 왕실은 엄청난 부를 축적했다. 포르투갈 왕실은 후추며 계피, 정향 등이 중심이 된 아시아와 아프리카 무역 수익의 5퍼센트를 세금으로 가져갔던 것이다. 그렇게 부를 얻은 왕실은 수도원과 교회를 지어 봉헌함이 마땅하다고 생각했다. 16세기가 시작되는 1501년 벽두에 마누엘 1세의 지시로 시작된 수도원 건축은 정확히 100년 후에 완성된다. 왕이 바뀌는 동안에도 아낌없이 자금을 투입하고 온갖 건축 기법을 총동원한 16세기 유럽 건축의 걸작이다.

제로니무스 수도원 내부

제로니무스 수도원의 회랑에서 볼 수 있는 화려하기 이를 데 없는 장식적 양식을 '마누엘 양식'이라고 부른다. 회랑의 기둥과 천장 등을 바다와 관련 있는 다양한 동식물로 조각한 화려하고 사치스러운 양식으로, 포르투갈이 전성기를 누린 시절을 대표하는 마누엘 왕의 이름을 딴 것이다. 제로니무스 수도원의 건설은 마누엘 왕이 1521년에 서거하면서 중단되었다가 1550년에 재개되었는데, 그때부터 건축가들은 장식적인 요소를 넘어서 르네상스적인 테마로 건축에 깊이를 더하기 시작했다. 1580년에 포르투갈이 스페인에게 합병되면서 자금 문제가 발생해 건설은 또다시 중단되었다. 이후 포르투갈이 1640년에 독립하면서 수도원도 다시 본연의 의미를 회복했는데, 이때 포르투갈 왕가의 무덤 역할을 맡으면서 그 중요성이 더욱 커졌다. 리스본 대지진 때도 다행히 큰 피해를 입지 않았으며 손상된 일부는 바로 복구되었다.

1898년은 역사적인 탐험가 바스쿠 다 가마가 인도에 도착한 지 400년이 되던 해다. 이를 기념하기 위해서 당국은 1894년부터 그의 무덤을 복원하기로 했다. 그리하여 조각가 코스타 모타가 조각한 바스쿠 다 가마의 무덤이 수도원의 교회에 설치되었다. 또한 포르투갈의 항해 문화를 찬양한 국민적인 시인 루이스 드 카몽이스의 무덤도 이곳에 설치되었다. 그리하여 포르투갈의 영광을 빛낸 탐험가와 그를 노래한 시인의 무덤이 예배당 뒤 양쪽 끝에 나란히 설치돼 있다. 멋지지 않은가? 탐험가와 시인, 두 사람은 나란히 누워 이 나라 과거의 영광을 되새기면서 그 밝은 미래 또한 기원하고 있다.

파스테이스 드 벨렝 Pastéis de Belém

제로니무스 수도원을 보고 나오면 그 옆에 있는 가게에 사람들이 줄지어 서 있는 광경을 볼 수 있다. 우리나라에도 방송을 통해 소개된 유명 과자점 '파스테이스 드 벨렝'이다. 진짜 이름은 '카페 안티가 콘페이타리아 드 벨렝Cafe Antiga Confeitaria de Belém'이다.

이 가게는 놀랄 정도로 맛있다. 언젠가 마드리드의 호텔에서 다음 행선지가 리스본이라고 말했더니 그 호텔의 노련하고 지적인 직원이 한마디 했다. "리스본에 가서 해야 할 가장 중요한 것 중 하나는 파스테이스 드 벨렝의 과자를 먹는 것입니다." 그 말을 듣고서 아연했던 기억이 있다. 과자라고? 그런데 사실이었다. 실제로 이곳의 과자 맛을 보고 나서 처음 든 생각은 '지금까지 먹어 왔던 모든 에그 타르트는 다 가짜였다'라는 것이다. 아마 대부분이 동의할 것이다.

소위 에그 타르트라고도 불리우는 과자의 진짜 이름은 '파스텔 드 나타Pastel de Nata'인데, 보통 '나타'라고 줄여서 부른다. 포르투갈의 대표

파스텔 드 나타

적인 디저트 과자로 에그 커스터드의 일종이다. 나타의 유래는 다음과 같다. 수녀원에서는 수녀들이 희고 빳빳하게 유지해야 하는 캡과 옷에 풀을 먹이기 위해서 달걀흰자를 사용했다. 그러니 제로니무스 수도원 (수녀원도 있었다)처럼 규모가 큰 시설에서는 달걀 소비량이 얼마나 많았겠는가. 그렇게 흰자만 쓰고 남은 노른자가 넘쳐나면서 이 노른자를 처리하려고 수도사들이 개발한 과자가 나타라고 한다. 수도원은 1834년에 폐쇄되었는데, 이때 수도원에 나타 제조용 설탕을 보급하던 제당공장 주인이 나타의 제조법 및 판매 권리를 어렵사리 구입하는 데 성공했다. 그렇게 제당공장 주인은 1837년에 수도원 옆 제당공장 자리에 카페를 열었다. 그것이 파스테이스 드 벨렝으로, 지금도 그의 자손이 가게를 운영한다. 이 집의 나타 맛은 리스본의 다른 어떤 가게도 따라올 수 없다. 다른 과자 가게나 식당이나 고급 호텔 등 도처에서 나타를 맛볼 수 있지만, 어디도 이 맛은 흉내내지 못한다. 한 입 먹어 보는 순간 바로 차이를 느낄 수 있다. 이 가게의 직원 중에서도 반죽의 레시피를 아는 사람은 단 세 명인데, 반죽을 할 때는 은행금고 같은 문을 안으로 걸어 잠근다. 심지어는 사고를 걱정해서 세 사람이 함께 여행을 가지도 않는다고 한다.

과자를 사 가는 사람도 많지만, 오븐에서 갓 나와 따뜻할 때 먹는 것이 좋다. 기다리는 줄은 길어도 내부가 넓어서 안에 자리가 충분하다. 주문할 때는 먹고 싶은 개수의 두 배는 시키는 것이 좋다. 그마저도 금방 다 먹고 나서 자기도 모르게 손가락을 빨고 있을 것이다. 물론 다른 과자들도 있으며 기념품도 함께 판매한다.

해양 박물관 Museu de Marinha

제로니무스 수도원 옆에 붙어 있는 박물관으로, 수도원과 같은 마누엘 양식의 석조 건물을 사용하고 있다. 세계를 주름잡던 해양 강국의 면모를 볼 수 있다. 주요 전시물은 선박들이다. 특히 과거 바다를 누비던 실물 선박들의 위용을 살펴볼 수 있다. 선박이나 바다에 관심이 많은 사람에게는 좋은 볼거리가 많지만 그렇지 않다면 심심할 수도 있겠다.

베라르두 컬렉션 미술관 Museu Coleção Berardo

2007년에 생긴 현대미술관이다. 유명한 거부인 주제 베라르두(흔히 '주 베라'라고 부른다)의 개인 컬렉션을 모아둔 곳이다. 베라르두가 평생 모은 4만여 점의 현대미술품들은 마드리드의 티센보르네미사 컬렉션에 비견되는 거대 컬렉션이다.

무엇보다도 고대의 성곽을 연상시키는 흰 석조 건물이 눈길을 사로잡는다. 미술관 건립을 준비할 때부터 베라르두는 포르투갈 정부와 상의하여 이곳에 부지를 정하고, 주변의 벨렝 문화센터나 제로니무스 수도원 등 기존 건물들과 어울리는 흰색 석조 건물을 짓기로 결정했다. 그리하여 이탈리아 건축가 비토리오 그레고티 Vittorio Gregotti 와 포르투갈의 건축가 마누엘 살가두 Manuel Salgado 를 디자이너로 선정한다. 포르투갈 정부는 미술관을 건립하는 재단에 대한 보답으로 베라르두의 컬렉션 중 862점을 3,162만 유로의 가격으로 구입하고 부지를 제공했다.

이곳의 전시는 20세기와 21세기의 작품들로만 구성되어 있다. 막스 에른스트, 데이비드 호크니, 르네 마그리트, 파블로 피카소, 프랜시스 베이컨, 살바도르 달리, 호안 미로, 헨리 무어, 앤디 워홀, 로이 리히

텐슈타인, 잭슨 폴락, 알렉스 카츠, 만 레이 등 거장들의 작품이 즐비하다. 입장료는 불과 5유로인데 그나마 토요일은 무료다. 기업가가 세상에 어떻게 기여할 수 있는가를 제대로 보여 주는 것 같아 기분 좋은 곳이다. 개관한 지 10년 만에 연간 방문객 100만 명을 넘기면서 리스본의 새로운 명소이자 자랑거리로 자리 잡았다.

베라르두 컬렉션 미술관

주제 베라르두
José Manuel Rodrigues Berardo, 1944~ 인물

'주제 마누엘 호드리게스 베라르두'는 포르투갈 대중에게 널리 알려진 부자다. 마데이라 제도 출생으로 노동자 가족의 일곱째로 태어났다. 어려운 가정환경 때문에 열세 살에 학교를 그만두고 포도주 양조장에 취직하여 고된 노동을 했다. 열여덟 살에 남아프리카로 이주하여 농장 일을 하다가 사업을 시작했는데, 수완이 좋았던 그는 결국 남아프리카에서 가장 유명한 투자 벤처사업가가 되었다. 목돈을 쥔 베라르두는 남아프리카에서 금을 추출하는 회사를 설립했고, 이 회사도 성공하여 금광 및 다이아몬드 광산까지 소유하기에 이른다. 40대 초반에 이미 거부가 된 그는 1986년 조국으로 돌아온다.

포르투갈로 온 베라르두는 주식 거래에 전념하여 포르투갈 증권 거래소에서 연간 가장 많은 액수의 주식을 거래한 사람이 되었다. 그의 투자회사는 날로 성장하여 호텔, 담배, 사료, 통신, 금융 등 여러 분야의 기업을 거느렸다.

그중에는 포르투갈의 초대형 회사인 포르투갈 텔레콤PT과 밀레니엄 BCP 은행 등도 포함된다. 그는 2007년에 포르투갈에서 가장 인기 있는 스포츠클럽인 SL 벤피카 축구팀의 주식 60퍼센트를 매수해 벤피카의 새 주인이 되려고 시도하면서 대중들에게 더 널리 알려졌다(벤피카는 인수하지 못했다).

그가 이룬 많은 일들 중에서 가장 경탄을 받는 것은 미술품 수집이다. 젊은 시절 우표 한 장, 엽서 한 장으로 시작했다는 그의 컬렉션은 특히 현대미술 분야에 집중되어 그 소장품만 4만 점이 넘는다. 그중 널리 알려진 현대작가의 작품만도 1,200여 점에 달하는데, 경매회사 크리스티의 추정으로는 그 가치가 1조 원을 넘는다고 한다. 베라르두 컬렉션 미술관에서 그 일부를 만나볼 수 있다.

> "
> **포르투갈 최고의 부자이며,**
> **뛰어난 현대미술 수집가**
> "

또한 베라르두는 본인 소유의 와이너리 부지인 퀸타 두스 로리두스Quinta dos Loridos에 불교 미술품들을 모아 놓은 공원인 부다 에덴Buddha Eden을 개장했다. 그 계기는 2001년에 탈레반이 아프가니스탄의 바미얀Bamiyan에 있는 거대 석불을 파괴한 사건이다. 이 사건을 접한 베라르두는 큰 충격을 받고 불상과 불교 미술품을 구입하기 시작했으며, 여기에 직접 주문 제작한 작품들을 추가해 공원을 개장했다. 이 공원에는 거대한 황금부처좌상이나 입상, 와상 등 각종 부처상을 비롯해 탑, 테라코타 등 다양한 조각이 있으며, 이 중 많은 작품이 이 공원을 위해 새로 만들어졌다. 부다 에덴은 유럽에서 가장 큰 동양식 정원이며 가장 많은 불교 관련 미술품을 진열한 전시장이기도 하다.

벨렝 탑

벨렝 탑 Torre de Belém

테주강 입구 부근의 강 속에 서 있는 아름다운 탑이 '벨렝 탑'이다. 방어용 요새로 지어져 대항해 시대에 포르투갈의 해양 탐사에서도 중요한 역할을 했던 건축물이다. 함께 유네스코 문화유산으로 지정된 제로니무스 수도원과 같은 마누엘 양식을 기반으로 하지만 여러 다른 양식도 혼재해 있다.

탑의 아랫부분이 강물 속에 있으니 본래부터 그렇게 지어진 것으로 생각하겠지만, 원래는 강 가운데의 작은 섬 위에 지은 것이라는 설도 있다. 어쨌거나 1755년의 리스본 대지진에 의해서 강의 방향이 바뀌면서 탑의 상대적인 위치도 달라졌을 것으로 추정된다. 즉 애당초 강의 한가운데에 있던 탑이 육지에 닿을 듯이 연안으로 밀려 나왔다는 것이다. 그래서 지금은 다리를 건너서 탑 안으로 들어가 볼 수 있다.

리스본을 침략으로부터 방어하기 위해서는 리스본의 길목인 테주강의 넓은 입구를 외적으로부터 차단할 필요가 있었다. 이에 15세기 후반에 마누엘 왕은 그 위치에 난공불락의 성채를 짓기로 했다. 건설을 위해서 강둑에서 가까운 거리에 있는 현무암을 모았으며, 그때 모은 석재의 일부로 산타 마리아 수도원을 건설했다. 요새는 그 후로 여러 번 증축되었고, 또 여러 번 공격을 당하기도 했다. 1580년에 탑 수비대가 스페인 군대에 항복한 적도 있다. 이때부터 탑의 지하층이 감옥으로 사용되기 시작했다. 특히 19세기 초에는 지하 감옥에 자유주의자들을 투옥하여 탑의 악명을 드높였다. 안에는 테라스와 망루 등이 있고 지하도 둘러볼 수 있다. 밖에서 보는 것보다 내부가 넓고 시설은 정교하다. 뛰어난 미적 양식을 유지하고 있다.

발견 기념비 Padrão dos Descobrimentos

벨렝 지구의 테주강 변에는 높이가 52미터에 달하는 거대한 구조물이 있다. 포르투갈의 위대했던 대항해 시대의 업적을 기리기 위해서 세운 '발견 기념비'다. 멀리서 봐도 거대하지만 가까이서 보면 더욱 위용이 느껴진다.

발견 기념비는 대항해 시대를 연 주역이라 할 수 있는 엔히크 왕자의 서거 500주기를 기념하여 1960년에 건립되었다. 기념비를 자세히 보면 아래에는 강을 향해서 여러 인물들이 조각되어 있다. 맨 앞에 서 있는 사람을 중심으로 좌우로 보필하는 형태로 늘어서 있다. 맨 앞의 귀공자가 바로 엔히크 왕자다. 그의 양편으로 각기 16명씩 도합 33명이 바다를 바라보고 있다.

엔히크 왕자의 왼편 즉 동쪽에는 포르투갈 왕 알폰수 5세, 바스쿠 다 가마(인도 항로를 발견한 탐험가), 아폰수 곤사우베스 발다이아(항해가), 페드루 알바르스 카브랄(브라질을 발견한 탐험가), 페르디난드 마젤란(최초로 세계 일주를 한 탐험가), 니콜라우 코엘류(탐험가), 가스파르 코르트레알(탐험가), 마르팅 아포수 드 수자(탐험가), 주앙 드 바후스(작가), 이스테방 다 가마(선장), 바르톨로메우 디아스(최초로 희망봉을 항해한 탐험가), 디오구 캉(최초로 콩고강에 도착한 탐험가), 안토니우 드 아브레우(항해사), 아폰수 드 알부케르크(제2대 포르투갈령 인도 부왕), 프란시스쿠 하비에르(선교사) 그리고 크리스토방 다 가마(선장) 등이 있고, 오른편 즉 서쪽으로는 코임브라 공작 페드루(주앙 1세의 왕자), 랭커스터의 필리파(주앙 1세의 왕비), 페르낭 멘데스 핀투(탐험가 겸 작가), 곤살루 드 카르발류(도메니코회 선교사), 엔히크 드 코임브라(프란치스코회 선교사), 루이스 드 카몽이스(항해를 주제로

발견 기념비

한 대서사시 『우스 루지아다스』의 시인), 누누 곤사우베스(화가), 고메스 이아누스 드 주라라(연대기 작가), 페루 다 코빌량(여행가), 제우다 크레스케스(지도 제작자), 페드루 이스코바르(도선사), 페드루 누네스(수학자), 페루 드 알렝케르(도선사), 질 이아느스(항해사), 주앙 곤사우베스 자르쿠(항해사), 페르난두 성왕자(주앙 1세의 왕자)가 있다.

이 인물들을 굳이 열거하는 이유는 탐험가나 선원 외에도 다양한 이들이 대항해 시대에 기여했음을 강조하기 위해서다. 이곳에는 항해에 참여했던 도선사, 수학자, 선교사도 있고 뒤에서 항해를 지원한 왕과 왕비 같은 후원자도 있다. 특히 당시의 모험을 기록한 시인과 작가까지 이 기념비에 기록되었다는 점은 주목할 만하다.

바람의 장미 Rosa dos Ventus

발견 기념비 뒤의 땅바닥에는 물결치는 모습의 거대한 칼사다 포르투게사를 볼 수 있다. 자세히 보면 바닥에 타일로 커다란 나침반을 그린 것이다. 이것을 '바람의 장미'라고 부른다. 직경이 50미터에 달하는 이 초대형 나침반 그림은 바다로 나간 탐험가들의 업적을 기리기 위한 것이다. 나침반 가운데에 세계지도가 그려져 있고, 그들이 항로나 항구를 발견한 연도가 지도 위에 적혀 있다. 사람들은 이 지도를 보며 그 위를 걸어 다닌다. 비록 실제 항해는 할 수 없지만, 이곳에서 두 발로 걸으며 옛 포르투갈 인들의 항해 모험을 따라가 보자.

바람의 장미

대항해 시대의 탐험가들

인물

바르톨로메우 디아스 Bartolomeu Dias (1451~1500)

포르투갈의 탐험가 바르톨로메우 디아스는 리스본 근교에서 태어났다. 주앙 2세로부터 전설적인 기독교 국가였던 에티오피아를 발견할 것을 명령받아 아프리카 서해안 탐험을 계획했다. 1487년 배 세 척으로 떠났는데, 두 척이 1488년 아프리카 남단에 도달했다. 그해 말 폭풍으로 표류하다가 희망봉을 돌았으나, 선원들이 고생 끝에 폭동을 일으킬 분위기가 되자 하는 수 없이 돌아왔다.

귀국 항해에서 케이프곶을 발견하여 '폭풍의 곶'이라 이름 지었는데, 뒤에 주앙 2세는 이를 '희망봉(케이프타운)'으로 바꾸었다. 이는 인도 항로 발견의 기초가 되었다. 이후 아프리카 무역에 종사하다 1497년 바스쿠 다 가마를 따라 카보베르데 제도에 이르렀다. 브라질 항해에 나섰다가 조난하여 사망했다.

바스쿠 다 가마 Vasco da Gama (1460/1469~1524)

바스쿠 다 가마는 포르투갈의 항해자이며 탐험가다. 포르투갈 남서부 시느스 Sines에서 지방사령관의 아들로 태어났다. 에보라

 대학에서 수학, 항해술, 천문학을 배웠으며, 마누엘 1세 및 엔히크 왕자의 뜻을 받들어 신항로 발견을 시도했다. 1497년, 1502년, 1524년 세 차례에 걸쳐 인도로 항해했다. 유럽에서 아프리카 남해안을 거쳐 인도까지 항해한 최초의 인물이며, 인도 항로를 최초로 발견했다. 그가 개척한 인도 항로 덕에 해상제국 포르투갈의 기반이 다져졌다.

[제1차 항해] 1497년 배 네 척과 170명의 탐험대를 이끌고 리스본을 떠나 남아프리카 희망봉을 돌아, 인도 캘리컷에 도착했다. 이 항로는 '인도 항로'라 불리며 유럽인이 아시아로 진출하는 발판이 되었다. 후에 인도 반란을 진압하고 인도 총독이 된다. 작위를 받고 '인도양의 제독Admiral of the Indian Seas'이라는 호칭도 받았다.

[제2차 항해] 1502년 바스쿠 다 가마는 군함 20척을 이끌고 인도로 향한다. 그의 함대는 아랍 상선들을 상대로 해적질을 하고 캘리컷에서 아랍 함대를 격퇴한 뒤 귀국한다.

[제3차 항해] 1524년 무능한 인도 행정관 대신 바스쿠 다 가마가 파견된다. 하지만 말라리아에 걸려 1524년 코친에서 숨을 거둔다.

바스쿠 다 가마는 원주민의 문화를 존중하지 않았으며 학살을 자행하여 비판의 의견이 많다. 즉 유럽의 시각에서는 항로를 개척한 인물이지만, 아시아 시각에서 보면 그는 식민주의 시대를 열고 원주민을 학대한 인물이기도 하다.

페르디난드 마젤란 Fernão de Magalhães(1480~1521)

흔히 마젤란으로 부르는 '페르낭 드 마갈량이스'는 포르투갈 출신의 항해가다. 처음으로 대서양과 태평양을 횡단한 인물로 알려져 있다.

하급 귀족이었던 그는 포르투갈령 인도 치하의 동남아시아에서 일했다. 1519년에 스페인 국왕 카를로스 1세의 승인 하에 몰루카 제도로 갈 계획을 세우고, 빅토리아호를 비롯하여 배 다섯 척에 270명으로 된 선단을 이끌고 스페인을 출발했다. 그는 대서양을 남하하여 연말에 남아메리카 리우데자네이루에 도착했으며, 이어 라플라타강 하류에 이르렀다.

그는 남아메리카의 대서양쪽 해안을 따라 남진했다. 폭풍우를 만나는 등 고생 끝에 아메리카 대륙의 끝을 돌아서 반대편 바다에 이르게 된다. 그는 험난하게 해협을 건넌 직후에 만난 평온한 바다에 감격하여 '태평양'이라 명명했다. 그가 지나온 해협은 '마젤란 해협'으로 불렸다. 이때 마젤란은 동쪽으로 배를 돌려 돌아갈 수도 있었지만 계속 서쪽으로 향했고, 108일간의 항해 끝에 함대는 1521년 필리핀에 도착했다. 그가 인도 총독 밑에 있을 때에 와 본 적이 있는 몰루카 제도를 지남으로써 세계일주를 완성한 것이다.

마젤란 일행은 이를 신대륙 발견으로 여겼지만, 이 발견은 이후 수백 년에 걸친 식민지 수탈과 압제의 시작이었다. 필리핀에서 기독교 전파에 주력하던 마젤란은 마흔한 살에 원주민과의 전투에서 전사했다. 출발 당시 270명이었던 선단 인원 중 다시 스페인으로 돌아온 사람은 21명뿐이었다.

엔히크 왕자 Infante Dom Henrique de Avis, Duque de Viseu (1394~1460)

'인판트 동 엔히크 드 아비스 드 비제우 공작'은 '엔히크 항해왕자 Henrique, o Navegador'로 널리 알려진 포르투갈 왕자다. 그는 먼 땅에 관심이 많아 대항해 시대의 수많은 업적을 지원했다.

엔히크는 어려서부터 아프리카 대륙에 관심을 가졌다. 1415년 스물한 살에 북아프리카의 회교도를 공격하고, 이후에는 아프리카 서해안에 탐험대를 보내 항로를 개척했다. 그는 세인트빈센트 곶에 천문대와 항해연구소를 세웠으며, 항해가들을 파견하여 마두라·보자도르곶과 베르데곶에 닿게 했다. 이 같은 노력으로 그는 인도 항로 발견의 기초를 마련했다. 대서양의 마데이라 제도나 아소르스 제도 등을 발견한 것도 엔히크의 탐험대였다.

또한 그는 사그르스에 '빌라 두 인판트 Vila do Infante(왕자의 마을)'를 설립하고, 여기에 항해가, 지리학자, 지도업자를 모아 인류의 항해 기술을 더욱 발전시키는 데 이바지했다.

벨렝 문화센터 Centro Cultural de Belém, CCB

제로니무스 수도원 앞에 마치 요새나 기지를 연상시키는 대형 석조 건물이 있다. 바로 '벨렝 문화센터'로, 포르투갈 전역에서 가장 규모가 큰 문화 단지다. 일단 근처에 있는 제로니무스 수도원과의 대비가 인상적이다. 수백 년 된 석조 건물인 제로니무스 수도원 바로 앞에 거대한 현대식 석조 건물이 나란히 누워 있는 모습을 보면 과거와 현재와 미래가 공존하는 듯하다.

이 건물은 1992년에 포르투갈이 유럽연합 집행국이 되면서 회의 장소로 쓰기 위해 지어졌는데, 설계 때부터 집행국 임기가 끝난 후에는 문화시설로 이용할 수 있도록 고안되었다. 설계 공모에서 이탈리아 건축가 비토리오 그레고티 Vittorio Gregotti와 포르투갈의 마누엘 살가도 Manuel Salgado의 작품이 선정되었다. 이 건물은 준공 당시 그 복합성과 효율성으로 세계적인 관심을 끌었다.

중앙부의 안마당 주위로 세 건물이 모여 있다. '회의센터'가 있는 건물에는 크고(1429석) 작은(348석) 공연장과 리허설 홀(72석) 및 연습실 등이 자리 잡고 있어서 오페라, 발레, 연극 및 영화 관람이 가능하다. '전시센터'에는 미술, 건축, 디자인 및 사진 등의 전시를 위한 네 개의 갤러리와 현대미술재단 등이 들어와 있다. '교육센터'는 외부와도 연계하여 학교들과 제휴하기도 하고 단독으로 예술과 문화의 다양한 교육 프로그램을 제공하기도 한다. 레스토랑과 바 그리고 상점가도 들어와 있다.

마트 뮤지엄 The Museum of Art, Architecture & Technology, MAAT

 2017년 10월, 그렇지 않아도 고급문화의 색채가 강한 벨렝 지구에 완전히 새로운 현대미술관이 개관했다. 오래된 문화를 지켜 오던 유럽의 전통 도시들이 최근 경쟁하듯 현대적인 미술관을 세우는 중인데, 리스본도 이 흐름에 뛰어들었다. 빌바오의 '구겐하임 미술관'에 이어 로마의 '막시'로 달려가던 미술 애호가들은 이제 리스본으로 가기 위해 가방을 싼다.

 건물 외관부터가 앞서 거명한 유명 미술관들에게 뒤지지 않는다. 특히 미술관이 서 있는 부지의 아름다움은 구겐하임이나 막시보다 한 수 위다. 테주강 변의 넓은 강둑 위에 마치 바다 아니면 우주에서 날아온 듯한 커다란 가오리가 드러누운 것처럼 독특하고도 느긋한 형상이다.

마트 뮤지엄

정말 생물처럼 느껴져서 거대한 덩치에도 불구하고 말을 걸어 보고 싶을 정도다. 외부의 경사면을 따라 완만한 지붕 위로 올라가는 산책로 쪽의 경치도 수려하다.

영국의 현대 건축사무소 AL_A가 설계한 디자인이 신선하다. 테주강에서 불어오는 짠바람을 막기 위해 리스본의 전통 건물들이 아줄레주로 외벽을 치장했듯이, 이 건물 역시 타일로 외벽을 감싸고 있다. 은은한 은색에서 미색으로 이어지는 외벽은 특히 해가 질 때 환상적인 색깔을 드러내며, 어둠이 내리면 이번에는 매력적인 색채의 조명이 더해져 낮과는 다른 분위기를 낸다. 이 특수 타일은 바르셀로나의 유명한 쿠메야사社가 제작했는데, 바로 사그라다 파밀리아 성당의 타일을 만드는 회사다.

'마트'는 이름 그대로 '미술과 건축과 기술의 박물관'으로 그 규모가 대단하다. 미술과 건축뿐만 아니라 공학 기술까지 한 박물관에 넣는 아이디어는 최근 유럽에서 유행하는 방식이다. 미술과 기술은 크게 다르지 않다는 것이다. 과거부터 다 빈치 같은 예술가는 뛰어난 기술자이기도 했다. 이렇게 미술과 기술 두 가지를 이어 주는 대표적인 장르가 건축이라고 생각하면, 과연 고개가 끄덕여진다.

센트럴 테주 Central Tejo

'마트'에서 산책로를 따라 강의 하류로 가다 보면 마트와는 완전히 대조적인 거대한 붉은 벽돌 건물이 나타난다. 과거 벨렝 지역에 전기를 공급하던 화력발전소 건물이다. 이 장대하면서도 아름다운 건물은 유럽에서 가장 아름다운 발전소 중 하나로 손꼽혀 왔다. 지금은 발전산업의 역사를 보여 주는 박물관이 되었으니 들어가 보기를 권한다. 바로 옆에 마트 뮤지엄이 개관하면서 앞으로 더욱 다양한 역할이 기대되는 곳이다.

레르 데바가르 Ler Devagar

벨렝 지역에 있는 멋진 서점으로 창고를 개조하여 만든 공간이다. 높은 서가를 가득 채운 책들과 가운데에 매달린 자전거 타는 여인의 모습은 이제 이곳의 상징이 되었다. 책을 둘러볼 수 있을 뿐만 아니라, 간단한 음식이나 커피를 마시면서 책을 읽을 수도 있다. 특히 이곳의 카페는 유명하여 리스본의 커피 마니아들 사이에 평판이 높다.

레르 데바가르

샴팔리모 재단 Fundação Champalimaud

벨렝 탑에서 강의 어귀 방향으로 걸어가면 벨렝 탑 다음에 바로 군사박물관(별로 추천하고 싶지는 않다)이 나온다. 그곳을 지나면 강변에 대단히 현대적인 디자인을 자랑하는 하얀 건물이 서 있다. 처음 아무런 정보도 없이 마주쳤을 때, 직감적으로 드는 느낌은 병원, 그것도 노인병원이나 연구병원이라는 이미지였다. 느낌은 맞았다.

이곳은 개인이 설립한 생물의학연구재단으로, 2004년에 유명한 기업가 안토니우 드 솜머 샴팔리모가 세웠다. 재단의 이름은 창립자가 어머니와 아버지를 기리기 위해서 부모 이름을 모두 넣어서 지어, 정식 명칭은 '솜머 샴팔리모와 카를루스 몬테스 샴팔리모 박사 재단 Fundação An Sommer Champalimaud e Dr. Carlos Montez Champalimaud'이다. 재단이 천명한 설립 목적은 "첨단 생물의학 연구프로그램을 개발하고 선구적인 과학 발견을 추구하여, 세계인의 삶의 질을 향상시킬 해결책을 찾는 데 중점을 두는 탁월한 임상진료를 제공하는 것"이다.

이 재단의 구체적인 연구 분야는 신경과학과 종양학이다. 재단의 중추인 샴팔리모 임상센터CCC는 종양 전문 치료기관으로 분자생물학, 유전학, 면역학, 종양학, 신경과학 및 정신과학 분야에서 세계 최고 수준의 학자, 연구원 및 의사를 유치하고 있다. CCC는 종양 외에도 최고 수준의 과학과 의학을 활용하여 뇌손상환자, 암환자 그리고 특히 실명 위기의 시각장애환자들을 돕는 것을 목표로 한다. 결국 이 센터는 포르투갈의 높은 의학 수준뿐만 아니라 상류층의 사회적 책임이 실현된 모습을 보여 주는 감동적인 증거인 셈이다.

인도 출신의 거장 건축가 찰스 코레아Charles Correa(1930~2015)가 설계한 이 건물은 미적으로나 기능적으로나 뛰어난 작품이다. 테주강 하류의 탁 트인 전망을 마주한 건물의 위용은 아름답기 그지없다. 의학에 관심이 있거나 최고 수준의 병원을 보고 싶다면 복지와 심미성을 모두 갖춘 이곳을 꼭 방문하기를 권한다. 안에 있는 다윈스 카페Darwin's Cafe는 쾌적하고 좋은 식당 겸 카페다. 방문했을 때 이용하기에 편리하다.

샴팔리모 재단

안토니우 드 솜머 샴팔리모
António de Sommer Champalimaud,
1918~2004

인물

'안토니우 드 솜머 샴팔리모'는 시멘트와 건설을 중심으로 금융과 보험까지 장악한 포르투갈의 사업가다. 그의 삶은 파란만장했다. 부계는 프랑스의 귀족이며 모계는 독일의 귀족이었다. 리스본에서 태어난 그는 리스본 대학에서 화학을 전공하다 아버지가 돌아가시자 열아홉 살 나이에 건설 회사를 이어받았다. 이후 포르투갈에서 유명한 기업가 중 한 명인 외삼촌이 사망하면서 그의 시멘트회사도 이어받았다.

그는 대귀족인 마리아 크리스티나 다 실바 주제 드 멜루Dona Maria Cristina da Silva José de Mello(1920~2006)와 결혼했는데, 그녀는 포르투갈의 최대 기업 그룹인 CUF의 상속녀였다. CUF는 시멘트, 화학, 섬유, 맥주, 음료, 광업, 금속, 조선, 전기, 펄프, 담배, 보험, 금융 등 광범위한 기업을 소유하고 있었으며, 앙골라와 모잠비크에까지 진출해 있었다. 부부의 결혼으로 자연스럽게 초거대 기업군이 탄생했다. 그런데 부부는 1957년에 이혼했다. 이후 두 집안, 즉 안토니우와 전 부인의 형제들은 기업을 분할한 뒤 여러 분야에서 경쟁구도를 펼쳤다. 특히 금융과 보험 분야에서 두 집안은 치열하게 맞섰다.

이혼 후에도 안토니우는 외삼촌의 시멘트 사업을 발전시켜서 포르투갈에서 독점적인 위치에 오른다. 이어서 은행, 보험회사 등을 인수하여 회사를 확장했다. 그러나 1969년에 회사를 상속하는 과정에서 위법행위가 드러나자 그는 체포를 피해 멕시코로 달아났다. 일이 해결되어 안토니우는 포르투갈로 돌아오지만 1974년에 카네이션 혁명이 일어나고, 혁명 정부는 그의 기업을 불법으로 규정해 국유화했다. 결국 그는 빈손으로 브라질로 망명했다.

" 돌아온 그는 자신의 과거 회사들을 하나씩 다시 사들인다 "

놀라운 일은 이때부터 벌어진다. 안토니우는 브라질에서 맨손으로 시멘트 회사를 설립해 성공시킨 뒤 농업에 재투자하여 또 성공했다. 그렇게 재기한 그는 1992년에 17년 만에 포르투갈로 귀국해 자신의 과거 회사들을 하나씩 다시 사들이면서 과거 못지않은 대그룹을 이뤘고, 2004년에는 포르투갈에서 가장 부유한 사람으로 선정된다. 그러나 그해에 갑자기 자신의 그룹을 스페인의 산탄데르 은행에 매각해 버렸다.

사실 그는 시력을 잃어 가고 있었다. 그는 회사를 처분한 돈으로 2004년에 샴팔리모 재단을 설립했다. 이것은 생물의학 분야에서 세계 최첨단 연구재단이다. 샴팔리모 재단은 샴팔리모상을 제정했는데, 매년 시력장애 개선에 뛰어난 업적을 보인 사람을 선정하여 100만 유로의 상금을 수여한다. 재단을 세운 해, 안토니우는 실명한 상태로 뜨거운 일생을 마감했다.

4월 25일 다리 Ponte 25 de Abril

벨렝에 가면 바다처럼 넓은 테주강 위로 거대한 현수교懸垂橋가 보인다. 리스본과 테주강 하구 건너편에 있는 알마다 사이를 연결하는 '4월 25일 다리'다.

리스본과 알마다는 예로부터 배로 왕래하는 방법밖에 없었다. 다리를 놓자는 의견은 19세기 말부터 있었지만 1960년에야 미국 철강회사가 다리를 놓기로 결정하고 1966년에 완공했다. 다리의 이름은 당시 독재자였던 총리의 이름을 따서 '살라자르 다리'로 명명되었다. 그러다가 1974년 카네이션 혁명이 일어났다. 시민들은 교각에 붙어 있던 독재자 이름이 적힌 동판을 떼어 내고 그 자리에 '4월 25일'이라고 적어 넣었고, 이것이 자연스럽게 지금의 다리 이름이 되었다. 이제 다리는 혁명의 상징이 되었다.

다리의 모양이 샌프란시스코의 금문교와 흡사하고 색도 유사하여 종종 금문교와 비교된다. 그래서 금문교를 만든 사람이 4월 25일 다리도 놓았다고도 말한다. 하지만 4월 25일 다리를 만든 아메리칸 브리지 컴퍼니는 금문교가 아니라 베이 브리지(샌프란시스코-오클랜드 베이 브리지)를 만든 회사다. 다리는 복층 구조로 위층에는 6차선 고속도로가, 아래층에는 복선 철도가 지나간다. 리스본에 오더라도 작심하지 않는 이상 이 다리를 건널 기회를 찾기는 어렵다. 자동차로 스페인을 통해 리스본으로 온다면 알마다를 거치므로, 리스본 시내를 바라보면서 이 다리를 건너 들어오는 행운을 누릴 수 있다.

4월 25일 다리

그리스도상 Cristo Rei

벨렝 지역의 테주강 변에서 보면 강 너머 산 위에 거대한 예수상이 보인다. 알파마의 상 조르즈 성에서도 보일 만큼 큰 이 구조물은 리스본의 그리스도 기념비로서, '그리스도상' 내지는 '구세주 그리스도상'으로 번역한다. 거대한 그리스도가 높은 인덕에서 양팔을 벌린 채 리스본을 향해 축복하는 듯한 자세를 취하고 있다. 가톨릭을 주로 믿는 리스본 시민들에게는 큰 위안을 안겨주는 기념비가 아닐 수 없다. 이 그리스도상은 리스본이 제2차 세계대전의 참화를 비껴간 데 대한 감사의 마음을 표하기 위해 세워진 것으로, 1950년에 공사를 시작해 1959년에 봉헌되었다. 브라질 리우데자네이루에 있는 거대한 그리스도상과 마주 보고 있다고도 한다.

그리스도상을 보러 오는 사람이 많은데, 대부분 브라질을 비롯해 세계 각지에서 온 가톨릭교도들이다. 그리스도상을 보러 가기 위해서는 페리나 버스를 이용할 수 있다. 그리스도상 아래에서 엘리베이터를 타면 무려 82미터 높이의 전망대에 내리게 된다. 아래는 커다란 성물聖物 가게가 있어서 방문객들에게 기념품을 팔고 있고, 카페도 있다.

안토니우 드 올리베이라 살라자르
António de Oliveira Salazar, 1889~1970

인물

유럽은 세계적으로 앞선 나라들이 자리한 대륙이지만, 이른바 '돼지들PIGS'이라고 불리우는 지중해 연안 국가들, 즉 포르투갈, 이탈리아, 그리스, 스페인은 경제 사정이 좋지 않다. 종종 그들이 게으르거나 나태해서 그렇다고도 하는데, 사실 그들의 경제 발전이 늦어진 가장 큰 이유는 정치적 발전이 늦어서였다. 다른 유럽 제국들이 민주화를 이루고 경제 발전에 박차를 가하는 동안 PIGS의 국가들은 독재자 밑에서 허덕이며 민주사회를 빨리 이루지 못했던 것이다.

이렇게 절대 권력을 누리면서 국가 발전을 막은 대표적인 독재자가 포르투갈의 '안토니우 드 올리베이라 살라자르'다. 그는 코임브라 대학에서 법학과 정치학을 전공하고 같은 대학의 교수가 되었다. 1926년에 카르모나 장군의 군사 쿠데타 정부가 그를 재무장관으로 임명한다.

대공황을 극복한 공을 인정받아 1932년에 총리로 임명된 그는 다음 해에 국민동맹을 조직하고 일당 독재체제를 구축했다. 경제 개발을 빌미로 총리에게 권한을 집중시키는 권위주의적 정부였다. 그는 제1인자가 아님에도 권력을 거머쥐고 평생 총리 자리에서 대통령들을 옭아매는 수완을 발휘했다. 외교적으로도 수완이 뛰어났던 그는 스페인 내전 때는 프랑코를 지원했으나 제2차 세계대전 때는 중립을 지키면서 연합국을 원조했고, 전쟁 후에는 북대서양조약기구NATO에 참여하는 등 교묘한 줄타기를 수행했다.

" 포르투갈의 미래를 가로막은 독재자 "

살라자르는 산업화에 반대하는 입장을 고수하여 포르투갈의 경제 발전을 가로막은 주범이다. 그는 공업화를 외면하고 조국을 18세기적 농촌국가로 만들고자 했다. 또한 권력의 장기화를 위해 노골적인 우민화 정책을 폈다. 그것이 3F정책으로, '축구, 파두, 파티마(가톨릭)'를 내세워 국민들의 의식화를 막은 것이다. 또한 내수산업보다는 식민지 경영에 집중하여 국내 산업은 제자리였다. 유럽의 식민지들이 독립 열풍을 일으키던 1960년대에도 살라자르는 식민지 유지에 집착하여, 여러 식민지 전쟁을 치르는 과정에서 국가 재정은 타격을 입었다.

그의 권력은 꺾일 줄 몰랐다. 1968년 8월에 해먹에서 자다가 떨어져 의식불명이 되어서야 그는 해임되었다. 그의 정신은 돌아왔지만, 측근들이 그가 죽을 때까지 이미 실각했다는 사실을 알리지 않은 것은 코미디였다. 결국 36년간 총리직을 누린 살라자르는 자신이 아직도 총리라고 믿은 채 1970년에 세상을 떠났다. 이후 1974년에 카네이션 혁명이 일어나면서 비로소 포르투갈에 민주화가 찾아왔다.

카네이션 혁명
Revolução dos Cravos

사건

 '카네이션 혁명'은 1974년 4월 25일 포르투갈에서 발생한 무혈 쿠데타다. 포르투갈에서는 '4월 25일 혁명'이라는 이름으로 더 많이 부르며 간혹 '리스본의 봄'이라고도 한다.

 살라자르를 중심으로 36년이나 지속된 독재 정권과 시대를 거스르며 계속된 식민지 전쟁에 대한 반발로 군부 내 좌파 청년 장교들을 중심으로 쿠데타가 일어났다. 군부 혁명의 소식을 접한 시민들이 거리를 행진하는 혁명군들에게 카네이션을 나누어 주었고, 군인들은 총을 쏘지 않겠다는 의미로 카네이션을 총구에 꽂았다. 여기서 '카네이션 혁명'이라는 말이 시작되었다. 혁명 이후 포르투갈은 마카오를 제외한 모든 해외 식민지에 대한 권리를 먼저 일괄 포기했으며(포르투갈 정부에서는 마카오도 포기하려고 했지만, 마카오를 대외 창구로 이용하려는 중국 정부의 반대로 무산된 것이다), 군부 과도 정부를 거쳐 민주적 투표에 의해서 민간 정부를 수립했다.

 살라자르의 독재로 식민지에 대한 억압은 커져 갔다. 1961년부터 포르투갈의 식민지인 앙골라, 모잠비크, 기니비사우에서는 소련, 중국, 쿠바, 유고, 불가리아 등의 공산권 국가들과 자이르, 알제리, 기니, 리비아 등 여러 아프리카 국가들의 지원을 받은 앙골라 인민해방운동MPLA, 앙골라 해방민족전선FNLA, 기니비사우-카보베르데 아프리카 독립당PAIGC, 모잠비크 해방전선FRELIMO 등의 반군이 포르투갈에 맞서 전쟁을 계속했다. 그 결과 포르투갈의 경제는 끊임없이 추락했다.

> "
> 군인들은 총을 쏘지 않겠다는 의미로
> 카네이션을 총구에 꽂았다
> "

1968년에 살라자르 총리가 해먹에서 떨어진 뒤 마르셀루 카에타누가 총리가 되었지만 독재 정치는 변하지 않았다. 끝없는 식민지전쟁과 독재에 좌절한 청년 장교들은 '국군운동MFA'을 결성했다. 위관급의 젊은 장교가 대부분이었던 그들은 안토니우 드 스피놀라 장군을 내세워 혁명을 꾀하기 시작했다. 1974년 4월 25일 새벽, MFA는 오텔루 사라이바 드 카르발류 대위의 지휘 하에 거사를 일으켜 리스본 시내 요지를 점거했다. 카에타누 총리는 곧 투항하고 스피놀라에게 권력을 이양했다. 총 한 발 쏘지 않은 무혈 혁명이었다. 카에타누 총리와 토마스 대통령은 다음 날 비행기로 마데이라섬으로 옮겨졌다. 이후 MFA를 핵심으로 하는 구국군사평의회가 결성되었고, 스피놀라 장군은 곧 임시정부를 조직하겠다고 발표했다. 포르투갈 민주화의 시작이었다. 지금 포르투갈에서는 4월 25일을 '자유의 날'이라는 국경일로 지정해 기념하고 있다.

『리스본행 야간열차』
『Nachtzug nach Lissabon』

소설

어쩌면 이제는 소설보다도 영화로 더 알려진 작품이지만 원작의 가치는 여전히 높다. 영화를 본 분이라도 스위스의 철학가인 파스칼 메르시에(1944~)가 쓴 이 소설을 읽어 보기를 권한다. 만일 리스본을 방문할 예정이라면 더욱 그렇다. 무엇보다도 포르투갈과 이 나라 사람들을 이해하는 데 기본이 되는 요소인 카네이션 혁명이 소설의 배경으로, 혁명기의 리스본 사람들을 잘 묘사하고 있다.

첫 배경은 스위스다. 그레고리우스는 베른의 김나지움에서 고전어를 가르치는 교수(김나지움도 선생을 교수라고 부른다)다. 그는 학생들 사이에서 세계 혹은 우주라는 뜻의 '문두스'라는 별명으로 불릴 만큼 깊은 학식을 지니고 있다. 그러나 그는 학교와 집만을 오가는 건조한 생활인이기도 하다. 그런 그가 어느 날 출근길에 다리 위에서 자살하려는 여인을 구한다. 그러나 둘은 말이 통하지 않는다. 그가 여인에게 무슨 언어를 쓰냐고 묻자 여인은 "포르투갈어"라고 답한다. 이후 그는 서점에 들러서 『언어의 연금술사』라는 책을 발견하는데, 우연히도 포르투갈어로 쓴 책이다. 지은이가 아마데우 이나시오 드 알메이다 프라두라는 사람인데, 그레고리우스는 그 책을 읽으면서 작가에게 묘하게 빨려 들어가는 느낌을 받는다. 결국 그레고리우스는 평생 처음으로 자기의 일상을 파괴하는 일탈을 한다. 강의 스케줄을 내팽개친 채로 프라두의 고향인 리스본으로 가는 기차에 몸을 실은 것이다.

> "
> 카네이션 혁명의 상처를
> 모두에게 알린 영혼
> "

어쩌면 이 소설의 가장 큰 매력은 이 남자가 리스본행 기차에 오르는 순간까지일지도 모른다. 이후로 소설은 우리가 짐작할 수 있는 궤적을 따라서 움직인다. 리스본에 도착한 그레고리우스는 프라두의 삶을 좇는다. 프라두라는 독특한 남자를 좇던 그레고리우스는 결국 프라두가 살았던 시대를 만나게 된다. 프라두는 포르투갈의 암흑기인 살라자르의 독재시대에 저항한 청춘이었다. 그렇게 그레고리우스는 이전까지 관심도 없었고 이해하려고도 하지 않았던 포르투갈의 아픈 생채기를 프라두의 책과 족적을 통해 경험한다. 그레고리우스는 먼 고대의 유럽 선조들에 관해서는 해박했지만, 정작 같은 시대의 이웃인 포르투갈에서 벌어지는 비극은 알려고도 하지 않은 채 강단에서 자기 강의에만 취해 있었던 것은 아닐까? 그는 밤마다 『언어의 연금술사』를 읽는데, 이 책 속의 책을 통해 작가는 하고 싶은 말을 우리에게 전한다. 특히 그 대목은 아름다운 한 편의 철학에세이라고 할 수 있다.

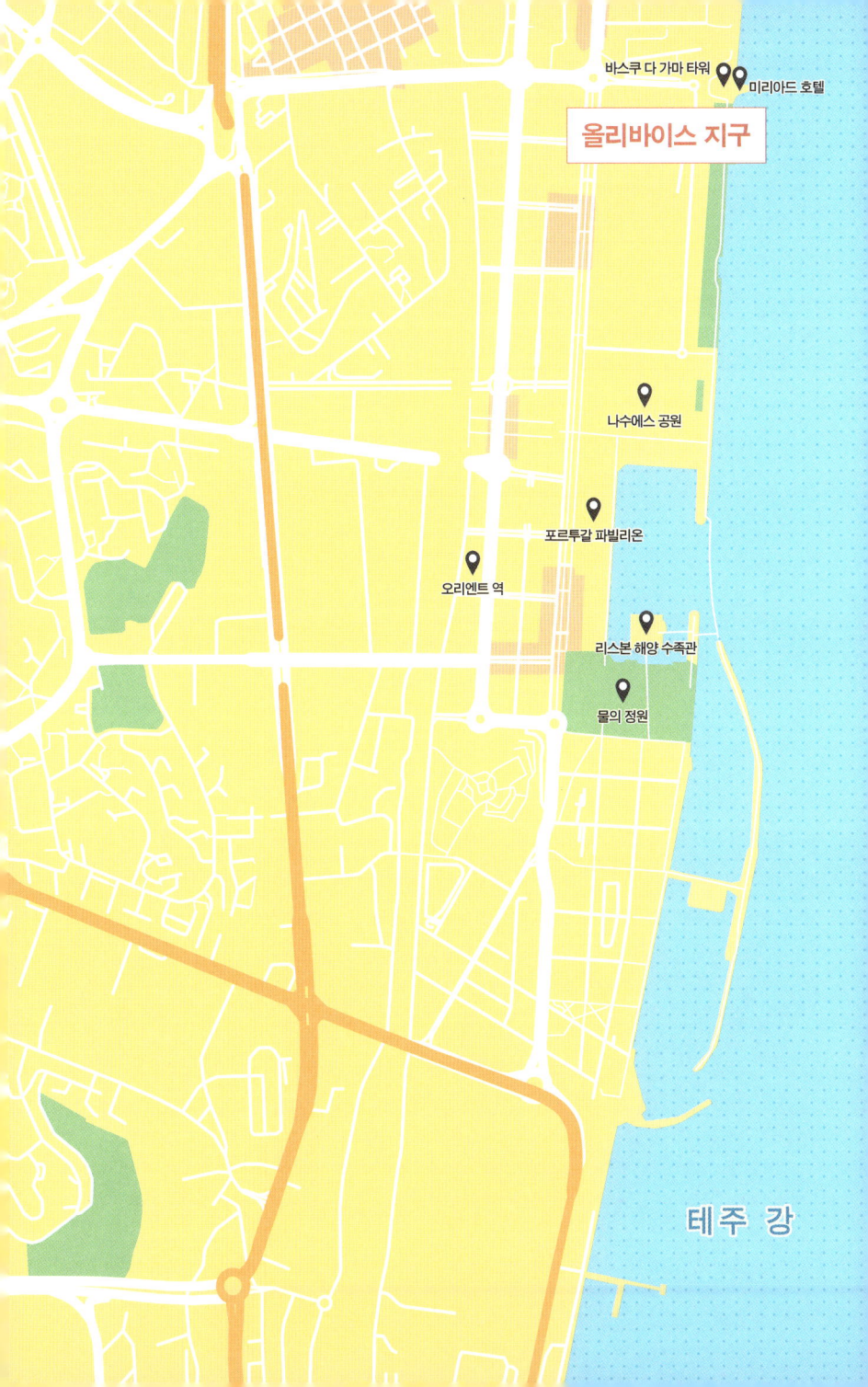

올리바이스 지구

올리바이스 Olivais

올리바이스는 리스본의 동북쪽 끝에 있는 지역을 일컫는다. 얼마 전까지만 해도 행정구역상 리스본 외곽에 속했던 이곳은 수도 리스본에 물자를 보급하기 위한 갖가지 공장과 정유공장, 석유저장소 등이 늘어선 열악한 지역이었다. 여기가 지금처럼 급격히 변신한 계기는 1998년에 있었던 리스본 만국박람회다. 리스본 당국은 1998년 만국박람회 즉 엑스포 98을 올리바이스 지역 개발의 전기로 계획하고, 이곳에서 엑스포를 치르기로 결정했다. 엑스포의 모든 건물과 시설은 박람회가 끝난 뒤에 지역 주민들의 품에 안겼고, 이를 통해 올리바이스 지역은 완전히 다른 모습으로 다시 태어났다.

엑스포 98 Expo 98

1998년 엑스포를 리스본이 주최한 것은 그 해가 바스쿠 다 가마가 인도 항로를 발견한 지 500년이 되는 해이기 때문이었다. 이 엑스포 즉 만국박람회는 1851년에 런던에서 처음으로 열린 만국박람회 이후로 100회째를 맞이하는 뜻깊은 행사이기도 했으며, 20세기 마지막 박람회이기도 했다. 만국박람회가 세계 항로의 발견이 없이는 시작될 수 없었던 행사였던 만큼, 리스본은 과거 그들이 대항해 시대를 열었음을 세상에 널리 알리고자 했다. 그들은 '바다, 미래를 위한 유산The Oceans, a Heritage for the Future'이라는 주제로 넉 달 동안 올리바이스 지역에서 엑스포 98을 거행했다. 무려 143개국이 참가했으며 1000만 명이 넘는 방문객이 행사장을 방문했다.

엑스포를 성공리에 마친 올리바이스 지역은 새로운 도시로 탈바꿈했다. 강가에 뒹굴던 드럼통과 도로를 물들이던 기름 자국은 사라지고, 현대적이고 미래 지향적인 도시와 쾌적한 베드타운이 들어섰다. 또한 많은 공원, 박물관, 요트장, 수족관, 체육관, 스타디움, 카지노, 쇼핑센터, 호텔, 다리 등이 만들어지면서 리스본 시민들까지 몰려드는 인기 지역이 되었다.

나수에스 공원 Parque das Nações

올리바이스 지역을 상징하는 장소가 '나수에스 공원'이다. 바로 엑스포 98의 중심 전시장이었던 곳이다. 나수에스 공원이란 바로 '국가들의 공원Park of the Nations'이라는 뜻으로, 143개국이 모였다는 사실을 상기시킨다. 이어서 소개할 수많은 시설들도 대부분 이 안에 있다.

하지만 나수에스 공원은 작은 의미로는 여기에 있는 정원을 일컫는 말이기도 하다. 그래서 가끔 혼동되기도 한다. 정원으로서의 나수에스 공원은 세계의 여러 나무들이 싱그럽게 녹음을 자랑하는 사랑스러운 곳이다. 원래는 세계 각지에서 온 나무들을 먼저 이곳에 심어서 포르투갈의 토양과 기후에 적응시키기 위한 목적으로 조성된 것이다. 그런 만

큼 여러 나라를 원산으로 하는 이국적인 나무들을 많이 볼 수 있다. 나무 외에도 꽃과 허브 등 각종 식물들이 자라고 있으며 넓은 잔디밭도 조성되어 있다.

포르투갈 파빌리온 Pavilhão de Portugal

나수에스 공원의 중심이자 상징적인 건물이 '포르투갈 파빌리온'이다. 이 건물은 엑스포 98 당시에 가장 중요했던 포르투갈 전시관인 동시에 엑스포의 현관 역할을 할 목적으로 세워졌다. 포르투갈의 세계적인 건축가 알바루 시자 비에이라의 작품이다.

포르투갈 파빌리온의 트레이드마크는 하늘을 뒤덮다시피 천장을 이루는 캐노피다. 시자는 바다로 나아가는 포르투갈인들의 기상을 나타내고자 돛에서 영감을 받아 이 캐노피를 만들었다. 처음에는 차양 같은 콘크리트를 두르려고 했다는데, 두께가 겨우 20센티미터에 넓이가 1000평에 육박하는 콘크리트는 지탱하기가 어려웠다. 그래서 콘크리트 안에 철강제를 넣고 양편으로 벽을 세웠다. 양편의 전시장 건물이 바로 그 벽 역할을 한다. 이렇게 해서 커다란 캐노피 사이로 테주강이 내다보이는 디자인이 완성되었다. 여기에 서기만 해도 바다로 나아가려는 리스본 사람들의 기개가 느껴진다. 캐노피가 하도 넓어서 콘크리트라기보다는 마치 바람에 펄럭이는 돛처럼 보인다.

이곳은 지금도 여러 행사나 전시 혹은 공연 등을 위한 장소로 사용된다. 아무 행사도 없을 때에 방문하면 썰렁하다는 느낌도 드는데, 사실 그게 작가의 의도다. 주변의 환경, 특히 강과 하늘을 느끼면서 바다로 나아가는 그들의 기상을 느껴 보자.

포르투갈 파빌리온

알바루 시자 비에이라
Álvaro Joaquim de Melo Siza Vieira, 1933~

인물

우리는 주로 알바루 시자라고 부르지만 포르투갈에서는 시자 비에이라라는 이름으로 더 자주 불리우는 알바루 시자 비에이라는 포르투 부근의 작은 어촌 마을 마투지뉴스에서 태어났다.

포르투 대학 미술학부에 진학한 그는 졸업 전에 이미 실제 건물을 설계했으며 자기 이름으로 건축사무소를 열었다. 건축교육가로도 활약한 그는 포르투 대학 건축학부를 시작으로 하버드 대학, 펜실베이니아 대학 등에서 강의하고 많은 제자를 배출했다. 또한 같은 포르투 대학 건축 교수였던 페르난두 타보라Fernando Távora와 콤비를 이루어 많은 작업을 했다. 이 콤비의 작업은 자신들이 건축물을 세우게 될 건축 부지에 대한 고민으로 시작한다. 그들은 부지의 장단점과 특성을 먼저 파악한 뒤 그에 중점을 둔 작품을 만들었다. 포르투갈 파빌리온의 디자인도 그런 사고의 선상에서 탄생한 것이다.

따라서 그의 작품들은 일관된 형태나 특징을 갖기보다는 늘 부지의 특성에 부합하는 디자인과 색채를 이용하여 가장 합당하고 어울리는 형태를 선보이곤 한다. 그의 건축물은 부지를 둘러싼 자연환경과 융합하면서 인공과 자연, 새로운 것과 오래된 것, 감각적인 요소와 이성적인 요소를 연결한다. 또한 그는 자신의 고향 포르투갈의 지역성과 향토성을 반영한 건축미를 발휘하기도 한다. 이러한 다양성을 통해 그는 건축계의 노벨상으로 불리는 프리츠커상과 울프상을 비롯한 많은 상과 훈장 등을 받았다.

시자의 공간 활용은 절제된 편이어서, 그 첫인상은 강렬함보다는 단순함에 가까워 때로는 지루하게 느껴질 수도 있다. 따라서 방문객은 예술 작품을 감상하듯 건축가의 의도에 닿도록 노력할 필요가 있다. 화려함과 거대함을 추구하며 방만해진 현대 건축의 풍토에서 단순함과 절제를 추구하며 현대인들이 평온함과 상상력을 얻어가게끔 한 의도 말이다.

> "
> 그의 건축물은
> 부지를 둘러싼 자연환경과 융합한다
> "

그의 대표작으로는 리스본의 포르투갈 파빌리온을 비롯하여 포르투 대학 건축학부 건물, 레사 수영장, 포르투의 세할베스 현대미술관, 리스본의 바이샤-시아두 지하철역, 카나베시스의 산타 마리아 성당 등이 있다.

그의 이름은 우리나라에도 잘 알려져서 이제 국내에서도 그의 작품을 꽤 만나볼 수 있다. 국내에 있는 시자의 건축물들로는 용인의 아모레퍼시픽 연구기술원, 안양 알바루 시자 홀, 서울 연세대 크리에이티비티 파워하우스, 파주 미메시스 미술관 등이 있다.

리스본 해양 수족관 Oceanário de Lisboa

리스본 해양 수족관은 나수에스 공원 지역의 핵심 시설로, 유럽에서 가장 큰 수족관이자 세계에서 두 번째로 큰 수족관이다. 시설과 규모가 대단하여 평소에 수족관에 관심이 없는 분이라도 한번 들어가 볼 가치가 있는 곳이다. 이 수족관은 세계적으로 유명한 캠브리지 세븐 어소시에이츠의 기술로 건설한 것으로, 세계 최대 규모의 오사카 수족관을 설계한 피터 체르마예프 Peter Chermayeff의 디자인이다.

물 5000톤을 담은 초대형 수족관이 중앙부에 자리하고, 그 주변으로 네 개의 특수한 수족관이 펼쳐진다. 특수 수족관들은 북대서양, 온대 태평양, 열대 인도양, 남극해 등 각기 다른 바다 환경을 재현한 것으로, 환경 조절 기술로는 첫손에 꼽히는 첨단 수족관이다. 이 다양한 수족관들은 밖에서 볼 때는 하나의 바다처럼 보이게 설계돼 있어서 관객은 드넓은 바다 속을 거니는 기분을 느낄 수 있다.

물고기 외에도 바다에서 만날 수 있는 수많은 종류의 동식물을 볼 수 있다. 특히 각종 펭귄과 다양한 열대어 그리고 여러 해양 포유류 등이 인기가 높다. 특히 환경에 무척 예민하여 수족관에서 키우기 힘들다고 알려진 해파리를 볼 수 있는 몇 안 되는 수족관이다. 여담이지만 이 곳의 귀여운 왕거미에게는 전설적인 축구선수 에우제비우, 가장 예쁜 해달에게는 파두의 여왕 아말리아 호드리게스의 이름이 붙어 있다.

나수에스 해양 공원 Marina Parque das Nações

이름이 나수에스 공원과 비슷한데, 바다 공원이라기보다는 요트 선착장에 가깝다. 무려 요트 600여 척이 정박할 수 있는 곳이다. 이중으

나수에스 해양 공원

로 건설된 갑문 덕에 바깥 환경이 변해도 요트가 떠내려가지 않도록 설계되어 있다. 다양한 해양 레저 활동을 할 수 있는 교습소를 비롯한 부대시설이 있으며, 식당과 카페도 있다. 특히 해 질 무렵의 풍경이 아름다워서 굳이 해양 스포츠를 하지 않더라도 저녁에 산책하기 좋다.

물의 정원 Jardim da Água

나수에스 공원의 일부로, 물을 주제로 한 작은 공원이다. 재미있는 분수와 다양한 물길을 따라서 조용히 산책할 수 있다. 나무가 많고 풍경도 아름답다. 산책로를 따라서 포르투갈의 조각가 페르난다 프라가

테이루Fernanda Fragateiro의 조각상들이 놓여 있다. 곳곳에 예기치 않은 공간들이 나타나면서 오직 예술과 자연만이 산책자의 주위를 감싼다. 올리바이스까지 왔다면 이곳을 한번 거닐어 보기를 권한다.

오리엔트 역 Gare do Oriente

리스본에 왔다면 꼭 봐야 할 기차역이 '오리엔트 역'이다. 1998년 엑스포에 즈음하여 지어진 역으로, 이전까지 리스본의 중앙역의 역할을 하던 산타 아폴로니아 역을 대신해 현재 리스본의 중앙역을 맡고 있다. 고속열차와 장거리 열차, 광역 전철과 보통 지하철이 모두 이 역으로 들어온다. 그러니 대부분의 노선에서 오리엔트 역이 유럽의 종착역인 셈이다.

이 역을 가 봐야 할 이유는 건축 때문이다. 스페인 출신의 세계적인 건축가 산티아고 칼라트라바의 대표작으로, 역사 건축의 새로운 지평을 연 기념비적인 건물이다. 이곳을 제대로 느끼려면 역 안의 모습과 바깥의 모습을 모두 보아야 한다. 플랫폼에 서면 천장을 떠받치고 있는 구조물이 광활하면서도 섬세하여 입을 다물지 못할 정도로 아름답고, 바깥에 나가면 현대 디자인의 예리함과 거대한 규모를 겸비한 외관을 만날 수 있다. 특히 저녁에 조명을 비추면 더욱 개성적인 면모가 드러난다. 세워진 지 벌써 20년이 지난 역이지만 전혀 구식이라는 느낌이 들지 않는다. 우리의 천편일률적인 고속철도 역사들과 비교될 것이다.

오리엔트 역

산티아고 칼라트라바
Santiago Calatrava Valls, 1951~

인물

    산티아고 칼라트라바는 스페인 발렌시아 출신의 현대 건축가다. 발렌시아에서 성장하여 발렌시아 공과대학(폴리텍 대학)에서 건축공학을 전공하고 스위스의 명문 취리히 연방 공과대학에서 토목공학을 공부했다.

    칼라트라바는 활동 초기에 주로 많은 교량과 기차역 그리고 공항 등의 공공시설을 설계하여 이름을 날렸다. 다리, 역, 공항의 공통점이라면 개인의 사적인 공간이 아니라 대중을 위한 공적인 공간이며 특히 사람들이 이동하는 곳이라는 점이다. 즉 그는 대중이동을 위한 플랫폼을 지으면서 자신만의 스타일과 철학을 만든 셈이다. 특히 기차역과 공항 그리고 그가 관심이 많았던 미술관 같은 건물들은 내부 공간이 아주 넓어야 하고 공간들 사이에 내력벽이나 기둥 같은 구조물을 많이 세울 수 없다는 공통된 제약을 가지고 있다.

    그런 제약을 극복하기 위해 칼라트라바는 인간 및 동물의 갈비뼈나 소라 껍데기 같은 자연의 공간 형태, 즉 생물이 주는 조형미에 주목했다. 그리고 이를 통해 독창적인 스페이스-프레임 구조의 건축미를 완성한다.

    그의 초기 대표작은 바르셀로나 올림픽 경기장 안에 세운 방송

타워와 토론토의 브룩필드 플레이스다. 이들 작업을 통해 명성을 얻은 칼라트라바는 세계 곳곳에서 작업하게 된다. 그는 밀워키 미술관과 스웨덴 말뫼에 있는 54층 규모의 빌딩(스칸디나비아에서 가장 높은 건물)도 디자인했다. 또한 시카고의 116층 스파이어 타워와 뉴욕 국제무역센터의 교통 허브도 설계했다.

> ## 생물의 조형미를 건축물에 이식하다

 직선과 곡선을 절묘하게 함께 이용하는 칼라트라바 특유의 조형미가 특히 두드러지는 분야는 교량이다. 부에노스아이레스의 '여인의 다리'나 빌바오의 '주비주리(바스크어로 '하얗다'는 뜻이다) 다리' 또는 더블린의 '제임스 조이스 다리' 등이다. 주비주리 다리라는 이름에서 보이듯, 그의 건축물은 대부분 흰색을 띠는 것이 특징이다. 이는 스페인이나 그리스 혹은 이스라엘 등 지중해 연안의 건축물을 연상케 하지만, 칼라트라바는 거기에 독창성을 더했다. 그의 하얀 건물은 밤에 조명을 더하면 더욱 새로운 모습을 드러내면서 감흥을 불러일으킨다. 그 중 최고의 대표작을 꼽으라면 그의 고향 발렌시아에 세워진 소피아 왕비 예술과학도시일 것이다. 만약 기차역만으로 한정한다면 그 대표작은 역시 리스본의 오리엔트 역이라 하겠다.

바스쿠 다 가마 타워 Torre Vasco da Gama

나수에스 공원의 해안에 서 있어서 눈에 잘 띄는 높은 탑이 '바스쿠 다 가마 타워'다. 145미터 높이로 포르투갈 전국을 통틀어 가장 높은 탑이다. 이 역시 엑스포 98 때 세워진 것으로, 바스쿠 다 가마의 인도 항로 발견 500년을 기념하여 탑의 이름을 명명했다. 디자인은 바다로 나아가는 범선을 형상화한 것이다. 돛 위에 지어진 까마귀 둥지까지 형상화한 모습이 재미있다.

엘리베이터를 타면 전망대 겸 식당에 닿을 수 있다. 전망대에서는 멀리 강 너머로 사라지는 바스쿠 다 가마 다리 전체를 조망할 수 있다. 탑 아랫부분은 최근에 미리아드 호텔로 개조되어 개장했다.

바스쿠 다 가마 타워

미리아드 호텔 Myriad Hotel

바스쿠 다 가마 타워의 아랫부분을 개조하여 최근에 개장한 현대식 호텔이다. 모든 방에서 테주강과 바스쿠 다 가마 다리의 장관이 보인다. 리스본 중심부에서 먼 것 같지만 지하철을 통해 쉽게 접근할 수 있고 주변 쇼핑몰과도 바로 연결된다.

바스쿠 다 가마 다리 Ponte Vasco da Gama

테주강에는 4월 25일 다리보다 더 긴 다리가 올리바이스 지역의 상류에 놓여 있다. 위대한 항해가의 이름을 딴 '바스쿠 다 가마 다리'다. 테주강 양편에 자리한 올리바이스와 몬티주Montijo 지역을 이어 주는 이 다리는 무려 17.2킬로미터의 길이를 자랑한다. 유럽에서 가장 긴 다리다. 워낙 길어서 직선으로 건설이 불가능할 정도였다고 한다. 왜 긴 다리는 직선으로 만들 수 없을까? 직선이 길어질수록 그 끝은 둥근 지구의 곡면으로부터 멀어지기 때문이다. 그래서 이 다리는 지구의 곡면을 따라 아래로 굽이지는 곡선 형태로 설계되었다. 지구의 곡률을 계산해야 할 정도로 거대한 다리인 것이다. 공학적인 창의력이 아름답게 발휘된 사례라 하겠다. 1998년 엑스포 때 완공되었으며, 철도는 없고 자동차만 다닐 수 있다.

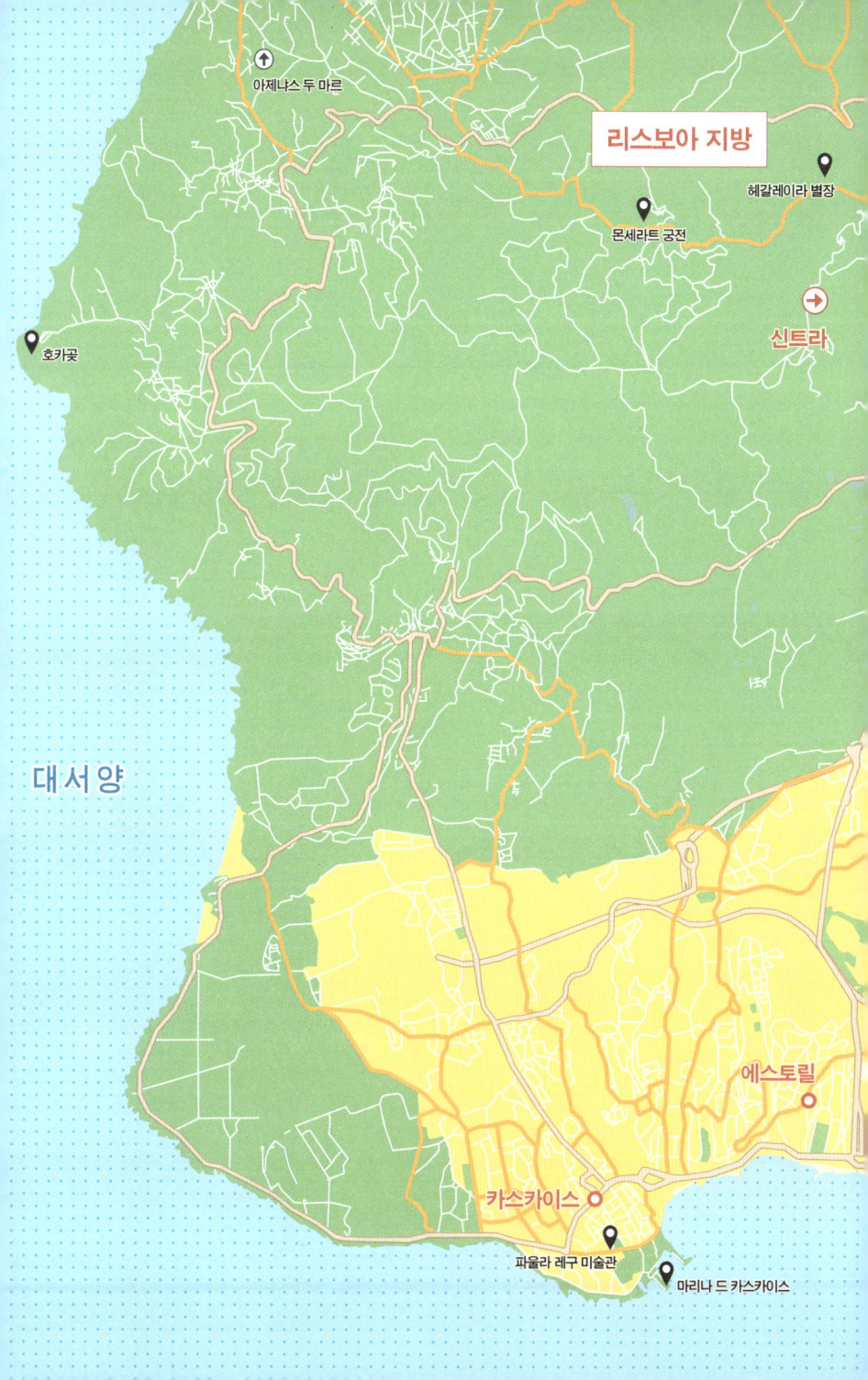

리스보아 지방

신트라

리스보아 지방 Distrito de Lisboa

   리스본의 외곽에도 볼만한 여행지가 많다. 특히 신트라를 중심으로 한 지역은 무어인의 성곽, 포르투갈 왕실의 궁전 등 다양한 문화재가 많아서 관광지로 널리 알려져 있다. 이 일대를 통틀어 '신트라 문화경관'이라 일컫는다. 문화적 가치가 높은 낭만주의 건축물이 많은 유적지구로 유네스코 세계문화유산에도 등재돼 있다.

   신트라 외에도 카스카이스와 그 인근은 유명한 해변으로 손꼽히는 휴양지다. 이 일대를 통틀어서 리스보아 지방 Distrito de Lisboa 이라고 부른다. 포르투갈은 전국이 18개의 지방 distrito 로 나뉘는데, 그중에서 리스본 주변의 지방이 리스보아 지방이다. 우리나라의 경기도에 해당하는 행정 구역이라고 생각하면 된다. 이 지역은 면적은 넓지 않지만 220만의 인구가 살고 있어 18개 지방 중에서 가장 인구 밀도가 높다.

   리스보아 지방은 포르투갈 전역을 통틀어 가장 오래전부터 사람이 살았던 지역으로, 그 역사는 구석기시대까지 거슬러 올라간다고 한다. 로마시대의 유물도 발견된다. 그러나 리스보아 지방이 역사나 문학에

본격적으로 등장하는 시기는 무어인들이 점령했을 때부터다. 아프리카에서 건너온 그들은 산세 좋고 숲이 울창한 리스보아 지방에 그들의 문명을 일구었다.

그러나 이베리아반도 전역에서 국토수복운동인 '레콩키스타'가 벌어지고, 결국 이 지역의 무어 세력은 축출되었다. 가톨릭을 믿는 왕들이 성당과 수도원을 지으면서 리스본은 점점 발전했고, 지역의 제반 시설이 나아지면서 귀족들도 성이나 저택을 지어 정착했다. 쾌적한 기후를 비롯한 천혜의 자연환경 덕에 포르투갈 국민들은 이 지역을 특히 아꼈다.

신트라 Sintra

오랫동안 리스보아 지방의 중심으로 자리 잡은 도시가 신트라다. 과거부터 많은 부자들의 여름 별장이 있던 곳이며, 지금도 신트라에 살면서 리스본까지 출퇴근하는 사람들이 많다. 리스본 호시우 역에서 교외선에 해당하는 신트라선을 타면 45분 만에 신트라에 닿는다. 출근 시간대나 주말에는 혼잡한 노선이지만, 리스본 교외의 고속도로 정체는 더 심하므로 차라리 철도가 나을 수도 있다.

시내로 들어서자마자 이 도시의 고즈넉한 아름다움을 느낄 수 있다. 조용히 시간을 보내고 싶은 사람은 리스본에만 머물기보다는 신트라의 조용한 호텔에서 하루나 이틀을 쉬면서 주변을 돌아보는 것도 좋겠다. 낮에는 많은 관광객들로 인해 혼잡하지만, 단체관광객이 거리에서 물러난 저녁이나 아침의 정경은 무척 매혹적이다. 아침 계곡의 아름다움이나 저녁 무렵 도심지의 적막함은 신트라만의 매력을 느끼게 해 준다.

신트라 궁전 Palácio Nacional de Sintra

신트라 중심부에 차를 내리면 먼저 흰 고깔 모양의 굴뚝을 두 개 가진 건물이 눈길을 끈다. 바로 '신트라 궁전'이다. 이 건물은 포르투갈에서 유일한 중세풍 왕궁으로, 15세기 초반부터 19세기 후반까지 계속 왕들이 살아왔다.

8세기경에 처음 세워진 이 성은 무어인의 점령기 때는 무어인이 사용했다. 이후 레콩키스타 시기를 거쳐 12세기에는 알폰수 엔히크 왕이 성을 접수하고 자신의 거처로 사용했다. 지금 우리가 보는 건물은 주로 그 이후인 15~16세기에 만들어진 것들이다. 그래서 고딕 양식, 마누엘 양식, 무어 양식이 혼재해 있다.

안으로 들어가면 '백조의 방Sala dos Cisnes', '까치의 방Sala das Pegas', '아라비아의 방Sala dos Árabes' 등 다양한 양식으로 꾸며진 방들을 둘러볼 수 있다. 알라 조아니아Ala Joania 즉 '존의 날개wing'이라고 부르는 중앙 안마당 주변의 건물에서는 마누엘 양식과 무어 양식을 볼 수 있다. 나중에 마누엘 왕이 날개부에 건물을 추가하는데, 이것은 알라 마누엘리나Ala Manuelina 즉 '마누엘의 날개'다. 궁전은 1910년에 국가기념물로 지정되었으며, 1940년대에 건축가 하울 리누가 다른 궁전의 오래된 가구들을 가져다 보충하고 타일을 추가했다.

니콜라 Nicola

신트라 도심 한쪽에 있는 작은 카페. '니콜라'라는 간판 아래에는 그보다 더 크게 '칸티뉴 두 로드 바이런O Cantinho do Lord Byron' 즉 '바이런 경의 모퉁이'라고 적혀 있다. 이곳을 방문했던 바이런을 이용한 상술이지만, 하여튼 바이런이 신트라에 왔던 것은 사실이다. 특별한 개성은 없지만 잠시 쉬어 가기에 좋다.

피리키타 Piriquita

벨렝의 그 과자 가게 정도는 아니더라도 나름대로 그들의 과자를 만들어서 이 지역에서는 유명한 가게다. 대표적인 과자인 '트라베세이루travesseiro'는 '베개'라는 뜻으로, 말 그대로 베개처럼 생긴 과자다. 이 '베개 과자'를 먹으려는 동네 사람들과 지역 명물을 먹어 보려는 방문객들로 늘 번잡하다. 그러나 구석 자리에 앉아서 과자를 곁들여 커피를 마시다 보면 금방 마음이 가라앉는 정감 어린 카페이기도 하다. 크림이 들어 있는 페이스트리의 일종인 '케이자다queijada'도 좋다.

카페 사우다드 Cafe Saudade

'케이자다'로 유명한 유서 깊은 과자점이다. 1888년에 문을 열면서 주인의 이름을 딴 '마틸다 케이자다'를 내놓아 크게 히트했다. 왕실 사람들이 신트라 궁전에 묵을 때면 왕궁에 이 과자를 납품했다고 한다. 그 외에 과자며 샌드위치, 주스가 다 맛있다. 고색창연한 외관과 내부의 인테리어가 멋지다.

호텔 로렌스 Hotel Lawrence

신트라 시내에서 가장 좋은 호텔이다. 1764년에 지어져 250년이 넘은 호텔로 '이베리아반도에서 가장 오래된 호텔'임을 내세운다. 무엇보다도 바이런 경이 『차일드 해럴드의 순례Childe Harold's Pilgrimage』를 쓰기 위해 신트라를 방문했을 때 묵었다는 곳이다.

신트라 시내가 내려다보이는 로맨틱한 디자인의 방은 만족스러운 하루를 보장한다. 테라스의 전망도 최고다. 이곳의 티룸은 '5시 정각'이라는 뜻의 사 다스 신쿠Cha das Cinco인데, 완벽한 영국 스타일의 애프터눈 티를 마실 수 있다. 또한 식당도 훌륭하다. 숙박하지 않더라도 한번 들를 만한 곳이다.

페나 성 Palácio Nacional da Pena

처음 리스본에 도착했을 때 공항에서 알록달록하고 유치찬란한, 마치 장난감 같은 성의 사진이 실린 관광 포스터를 보고는 두 가지 생각이 동시에 들었다. 먼저 독특하다는 것이다. 대체 저런 걸 왜 지었지? 언제 지었을까? 지은 이의 수준이 높지는 않을 것 같았다. 우아하고 고상하기보다는 유치하고 저급한 취향이다. 또 다른 생각은 정말 저런 성이 실재한다면 솔직히 한 번쯤은 보고 싶다는 것이다. 결국 처음 방문했을 때는 가지 않았다. 애써 피했다. 내 머릿속에 구축해 놓은 고상하고 애절한 포르투갈의 이미지를 망치고 싶지 않았던 것이다. 그렇다면 지금의 결론은? 시간만 허락한다면 가 보기를 권한다. 독일의 노이슈반슈타인 성이나 잘츠부르크의 헬브룬 궁전처럼 개인의 취향이 건물의 성격을 규정지은 사례 중 하나인데, 페나 성은 그 중에서도 유독 필설로는 표현할 수 없는 기묘한 정신세계의 기운이 느껴지는 곳이다.

흔히 페나 성으로 부르는 이 곳의 정식 명칭은 '페나 국립 궁전'이다. 신트라 주변에 위치한 성들 가운데 가장 유명한 이 성은 신트라 도심 뒤의 신트라산 꼭대기 바위에 기대듯 아슬아슬하게 건설되었다. 날씨

페나 성

가 좋다면 성에서 바다는 물론 리스본도 볼 수 있다. 성채의 규모는 작은 편이지만 그 독특함은 어디에도 뒤지지 않는다. 유네스코가 지정한 세계문화유산이며 포르투갈 7대 불가사의 중의 하나이기도 하다.

예로부터 풍광이 뛰어나고 여름에 서늘한 신트라산은 마침 리스본에서도 가까워 왕족들이 여름 피서지로 선호하던 곳이다. 마누엘 1세는 이곳이 마음에 들어 '페나 수도원'을 지었다. 많은 수도사를 배출하며 명성을 쌓아가던 수도원은 18세기에 낙뢰를 맞아 손상되었고 이어 리스본 지진으로 폐허로 변했다. 이후 1838년에 페르디난드 2세가 이곳을 방문하여 여름궁전 용도로 궁전을 다시 짓도록 했다. 설계는 독일의 광업기사 빌헬름 루트비히 폰 에슈베게Wilhelm Ludwig von Eschwege가 맡았는데, 그는 전문적인 건축가가 아니라 낭만적인 정신을 지닌 아마추어였다. 그는 독일 고성들을 순례한 경험을 바탕으로 독특한 설계를 했다. 여기에 페르디난드 2세와 마리아 2세 왕비의 취향이 더해져 낭만주의적 요소가 잔뜩 추가되었다. 덕분에 이미지의 통일이 이루어지지 않는, 그러나 다른 어느 고성에서도 볼 수 없는 아기자기한 재미를 풍성히 지닌 성이 되었다.

궁전은 1854년에 완공되었으나 페르디난드 2세의 사망 이후 다른 귀족에게 팔렸다. 이를 1889년에 포르투갈 정부가 구입했고, 1910년의 공화혁명 이후에는 박물관 역할을 했다. 그러는 동안에 외벽의 화려한 도색이 퇴색하면서 한동안은 회색 성채로 인식되기도 했다. 궁전의 외양과 내부가 지금처럼 다시 정비된 것은 1990년에 이르러서다. 안에 들어가 보면 생각보다 볼거리가 많다. 과거의 모습대로 식탁과 가구가 잘 정비되어 있다. 방문객을 위한 식당도 있으며 기념품 가게도 크다.

페나 공원 Parque Nacional Pena

페나 성 부근에는 거대한 '페나 공원'이 있다. 이 공원 또한 훌륭하다. 산악 지형이라 다니기가 가파르지만, 지질학적으로나 식물학적으로 가치가 높은 곳이다. 공원은 페나 성 건설 때 함께 만든 것으로, 페르디난드 2세의 명령으로 이국적이고 귀한 나무들을 많이 심었다. 북미산 세쿼이아, 중국의 은행나무, 일본의 삼나무, 오스트레일리아와 뉴질랜드의 다양한 양치류 등이 있다. 정자나 조각 등 아기자기한 볼거리를 숨겨놓은 작은 미로도 있으니 들어가 보자.

역사적으로 많은 예술가들이 페나 공원에서 영감을 받았다. 특히 독일의 작곡가 리하르트 슈트라우스는 이곳을 방문한 뒤 "이곳에서 나는 시칠리아, 이탈리아, 그리스, 이집트 혹은 클링조어의 정원(바그너의 악극 『파르지팔』에 나오는 마법의 정원)을 실제로 보았다. 게다가 그 위에는 성배聖杯의 성(『파르지팔』에 나오는 성배를 보관하는 신전)도 있다."라고 말했다. 그는 페나 공원의 아름다움을 클링조어의 정원에, 페나 궁전을 성배의 성에 비견한 것이다. 그렇게 보면 정말 그래 보이기도 한다.

무어 성 Castelo dos Mouros

페나 성을 보고 내려오다 보면 이웃에 있는 완전히 다른 모습의 성채가 보인다. 바로 '무어 성'이다. 무어 성은 화려하고 알록달록한 페나 성과는 판이하게 다르다. 전체가 짙은 회색으로 이루어져 있어서 어찌 보면 돌무더기를 쌓아 놓은 듯하다. 이렇게 지척에 있는 두 채의 성은 생김새가 너무 달라서 묘한 기분을 자아낸다.

무어 성은 이름 그대로 무어인들이 산 위에 방어용으로 세운 요새

무어 성

였다. 그들은 레콩키스타에 맞서기 위해서 험준한 산 위에 성을 지었다. 산의 가장 높은 곳에서부터 능선을 따라 지은 무어 성은 얼핏 단순해 보이지만, 그 안에는 무어인들의 지혜가 숨어 있다. 즉 자신들만 성벽으로 오르내릴 수 있게끔 제법 넓은 군사용 길을 내고 그 중간에 방어용 망루를 세웠다. 또한 포위되었을 때를 대비해 빗물을 모아 식수로 사용하는 저장고를 만들고 화강암 틈새에 음식을 보관했다.

무어 성은 무어인들이 방어를 위해서 10세기에 지은 성이고, 페나 성은 무어인을 물리친 기독교인들이 여름 거처로 사용하려고 19세기에 완성한 성이라고 하니, 서로 이웃한 두 성의 판이한 외양이 이해된다. 성을 지은 사람들의 문화와 시대가 완전히 다른 것이다. 무어 성을 멀리서 보면 마치 죽은 용의 시체가 산 위에 누워 있는 듯한 형상이다. 무어인이 퇴각한 후 무어 성은 쓰러진 용처럼 방치되었다가 19세기 후반에야 복원되었다. 지금의 모습으로 복원된 것은 1992년이다. 이 성도 유네스코 세계문화유산으로 등록되었다.

관광객을 위한 연출이기는 하지만, 성벽에는 무어인들의 깃발이 꽂혀 있다. 성벽 위에 올라서면 대서양에서 불어오는 세찬 바람이 시원하기 그지없다. 바람에 날리는 무어 깃발을 바라보니 바다 너머로 퇴각한 그들이 생각난다. 마치 그라나다의 알함브라에서 느끼는 것과 같은 서글픈 감상에 젖는다. 그야말로 산천은 의구한데 인걸은 보이지 않는다.

헤갈레이라 별장 Quinta da Regaleira

신트라 부근의 궁전들 가운데에서도 독특한 곳이 '헤갈레이라 별장'이다. 마법사가 등장하는 영화에나 나올 세트장 같은 분위기다. 마법과 환상에 매료되어 있는 사람에게는 낭만적인 장소가 될 수 있지만, 현실

헤갈레이라 별장

주의자에게는 한낱 부자의 장난처럼 보일 수도 있겠다.

이곳은 여러 주인을 거쳐 온 땅인데, 1892년에 안토니우 아우구스투 몬테이루António Augusto Carvalho Monteiro라는 사람이 구입한다. 이곳을 자신의 취미를 담은 공간으로 꾸미기로 작정한 몬테이루는 이탈리아의 건축가 루이지 마니니Luigi Manini를 고용해 방문객들이 정신을 차리지 못할 정도로 재미있고 환상적인 장소로 탈바꿈시켰다. 동굴, 벤치, 우물, 탑, 연못, 폭포, 성당, 음악당 등을 만들고 각 장소에는 연금술, 프리메이슨, 기사단 등의 상징을 넣었다. 고딕, 르네상스 그리고 마누엘 양식이 혼재해 있다. 지금 우리가 보는 대부분의 구조물은 1910년경에 완성된 것들이다. 본래 이곳은 사유지여서 일반인에게는 금단의 장소였으나 포르투갈 정부에서 관리하기 시작한 1998년부터 일반에 공개되었다.

이곳의 주요 건물은 헤갈레이라 궁전Palácio da Regaleira인데, 고딕 양식의 탑을 가진 5층 건물이다. 이곳은 주인의 거처로, 들어가서 볼 만하다. 사무실, 하녀의 침실, 음식 운반용 엘리베이터 등이 흥미롭다. 한편 지하에는 일부러 무섭게 꾸며 놓은 지하 동굴도 있다.

몬세라트 궁전 Palacio de Monserrate

신트라 지역의 여러 궁전과 성 중에서 또 한 군데 개성이 넘치는 곳이 '몬세라트 궁전'이다. 원래는 성당이 있던 땅이었으나 대지진으로 인해 성당은 사라졌다. 그러다가 제라드 드 비스메Gerard de Visme라는 영국 상인이 1789년에 이곳에 흥미를 느꼈다. 그는 성당의 폐허 위에 신고딕 양식의 궁전을 지었다.

영국의 문호 바이런 경이 1809년에 이곳을 방문했다. 바이런 경은 그의 명작 『차일드 헤럴드의 순례』에서 몬세라트 궁전의 아름다움을 언급하고 있다. 이 유명한 책 덕분에 영국인들이 포르투갈을 찾을 때면 으레 이곳을 방문하면서 몬세라트 궁전은 점점 유명해졌다. 1863년에 영국 상인 프란시스 쿡Francis Cook이 다시 건물을 매입하여 건축가 제임스 놀스James Knowles와 함께 개축했다. 그들은 신고딕 양식에 이슬람의 무데하르 양식을 섞어서 독특한 건물을 완성했다. 그러다가 1949년에 포르투갈 정부가 건물을 사들여 공공건물로 개방했다.

몬세라트 궁전 옆에는 커다란 공원이 있다. 호수와 분수 등이 설치되어 있으며 많은 종류의 귀한 식물이 숲을 이루고 있다. 오랫동안 정성껏 가꾼 희귀종들이 많다. 열대의 야자수, 멕시코의 용설란, 일본의 동백과 대나무 등 다양한 식물을 볼 수 있다.

몬세라트 궁전

조지 고든 바이런

George Gordon Byron, 1788~1824

인물

"어느 날 아침 일어나 보니 유명해져 있었다."라는 유명한 말의 주인공이 조지 고든 바이런이다. 대표작 『차일드 헤럴드의 순례』를 발표하고 나서 갑자기 폭발한 인기 때문에 얼떨떨해진 심정을 표현한 것이다.

바이런은 영국 낭만파를 대표하는 시인일 뿐만 아니라, 낭만적인 삶을 직접 실천한 사람이기도 했다. 그는 가슴 속에서 불타오르는 열정을 주체할 수가 없어서 유럽의 방방곡곡을 방랑했던 낭만가객이다. 우리는 흔히 '바이런 경'이라고 부르지만, 실제로 그는 귀족으로 '제6대 바이런 남작 조지 고든 바이런George Gordon Byron, 6th Baron Byron, FRS'이 정식 호칭이다.

어려서부터 뛰어난 글재주를 선보였던 바이런은 자연스럽게 시인으로 성장했다. 그가 아홉 살 때 제5대 바이런 남작이 사망하면서 제6대 바이런 남작이 되었다. 열일곱 살에 케임브리지 대학에 입학하지만, 학업보다는 본능적인 시작詩作과 자유분방한 생활로 학창 시절을 보냈다.

바이런은 케임브리지를 다니던 1807년부터 시집을 출간했지만 호평만큼이나 혹독한 비평과 비난이 이어졌다. 고심의 나날을 보내던 바이런은 당시의 영국 상류층 젊은이들이 그랬듯이 긴 여행에 오른다. 바이런은 포르투갈, 스페인, 몰타, 그리스 등을 여행하면서 이국의 매력을 만끽한다. 그가 자신의 작품에서 포르투갈 리스보아 지방의 절경과 명소들을 언급할 수 있었던 것은 이때의 경험 덕이다. 실제로 리스보아 지방 여러 곳에서 바이런의 흔적을 만날 수 있다. 이 여행 후 귀국하여 발표한 작품이 『차일드 해럴드의 순례』다. 그는 이어 여러 작품을 발표하면서 19세기 영국 낭만파의 대표적인 시인으로 이름을 올린다.

"
어느 날 아침 일어나 보니 유명해져 있었다.
"

바이런은 1815년에 결혼하지만, 1년 후에 아내는 아이와 함께 떠났다. 그러잖아도 사생활에 관한 소문이 좋지 않았던 그는 그때부터 더욱 방탕한 생활을 이어갔으며, 여성 편력과 근친상간 등의 추문이 끊이지 않으면서 많은 비난과 지탄을 받았다. 여기에는 그의 자유롭고 급진적인 사상을 두려워한 기득권층의 고의적인 공격도 포함돼 있었다. 결국 바이런은 "나에 대한 세간의 비난이 옳다면 나는 영국에 맞지 않은 사람이고, 틀렸다면 영국은 내게 맞지 않는 나라다."라는 말을 남기고 다시 방랑길에 오른다. 그의 나이 스물여덟 살 때다. 스위스와 이탈리아 등지를 떠돌던 그의 발걸음은 자신이 탐독했던 고전들의 원천인 그리스로 향한다. 그리스를 사랑하게 된 그는 그리스 독립 전쟁에 참전 중에 말라리아에 걸려 서른여섯 살의 폭풍 같은 생을 마감한다.

아제냐스 두 마르

아제냐스 두 마르 Azenhas do Mar

이곳을 처음 알게 된 계기는 건축가 하울 리누의 작품들을 찾으면서다. 그가 해변에 지은 많은 저택 중에서도 가장 아름다운 집이 '카사 브랑카'라는 이름으로 알려져 있는데, 이 집이 '아제냐스 두 마르'에 있다. 직접 방문해 보니 해변의 깎아지른 검은 절벽 위에 붉은 지붕과 흰 벽을 가진 집들이 모여 있는 풍경은 그야말로 숨을 멎게 하는 장관이었다.

이 지역은 비교적 최근에 알려지면서 좋은 식당과 숙소가 하나씩 생겨나고 있다. 신트라에서 버스가 다닌다. 끝없이 펼쳐진 대서양을 가슴에 품으면 호연지기가 절로 생길 듯하다. 아침과 낮의 풍경이 사뭇 다르고, 특히 해 질 녘의 풍경은 압권이다.

레스토랑 아제냐스 두 마르 Restaurante Piscina Azenhas do Mar

이 일대에서 가장 좋은 위치에 있는 식당이다. 마치 절벽 가운데에 서랍이 붙어 있는 것처럼 매달려 있다. 창가에서 바라보는 풍경은 최고다. 해산물을 중심으로 한 음식이 좋은 편이다. 가격은 좀 비싸다.

카사 브랑카 Casa Branca

포르투갈의 건축가 하울 리누가 지은 대표적인 주택으로, 1920년에 완성되어 이제 곧 100년을 맞는다. 절벽 위에 홀로 서 있는 조그맣고 하얀 집은 마치 인생을 얘기하는 듯하다. 현재 사유지로서 개방되지 않는다.

카사 브랑카

카스카이스

코스타 두 솔 Costa do Sol

지중해에는 아름다운 해안이 많다. 프랑스나 이탈리아에 유명한 곳이 많지만 스페인과 포르투갈에도 멋진 해변이 많다. 스페인 사람들은 지중해 해안을 '태양의 해변'이라는 뜻으로 '코스타 델 솔 Costa del Sol'이라고 부른다. 그런데 같은 이름의 '태양의 해변'이 포르투갈에도 있으니, 포르투갈 말로는 '코스타 두 솔'이다.

코스타 두 솔은 '포르투갈의 리비에라'라고 불리기도 한다. 그만큼 아름다운 지중해의 풍경이 인상적이지만, 프랑스나 스페인의 그것에 비하면 유독 소박하고 단정한 매력이 돋보인다. 아직 때가 덜 묻었다고 할까, 어쩐지 인간적인 정겨움이 묻어나는 곳이다.

카스카이스 Cascais

코스타 두 솔의 중심인 '카스카이스'는 리스보아 지방의 대표적인 해변 도시다. 이 일대에 휴양지가 많아서 유럽 각국의 사람들이 찾는다. 해안은 기암절벽이 많으며 굴곡지고 변화무쌍한 지형이 유달리 아름답다. 리스본에서 서쪽으로 약 30킬로미터 지역에 있어서 당일치기로도 다녀올 수 있다.

카스카이스의 가장 큰 매력은 석양이다. 여름철이면 거의 오후 9~10시나 돼야 해가 지기 시작하는데, 저녁에 해안으로 나온 사람들은 하염없이 바다를 바라보면서 화이트와인과 해산물로 하루의 피로를 날려 보낸다. 현대적인 리조트와 중세의 골목이 공존하는 이곳에서는 최신형 스포츠카를 모는 젊은이와 그런 세계에 아무런 관심 없이 그물을 꿰매는 늙은 어부가 한데 모여 각자의 인생을 살아간다. 당신이 여행에서 찾는 것이 무엇이든, 작지만 매력이 넘치는 이 지역 어딘가에서 발견할 수 있을 것이다.

13세기까지 신트라에 종속되었던 카스카이스는 어획량이 늘면서 점점 융성했다. 이후 14세기에 이르면 신트라와 마주할 정도로 경제적, 정치적으로 발전하여 1364년에 자치 행정부를 출범시켰다.

바다를 사랑한 포르투갈 왕실은 1870년부터 여름휴가를 카스카이스에서 보냈다. 이어 1889년에는 리스본과 철도가 연결되면서 유럽인들에게 휴양지로 널리 알려지기 시작했다.

이즈음 중요한 사건이 발생했다. 카스카이스 옆 마을 에스토릴에 카지노가 건립된 것이다. 한편 해양 활동을 좋아했던 카를루스 1세가 이곳에 포르투갈 최초의 해양연구소를 설치하기도 했다. 그는 매년 이곳에 와서 모두 12회에 걸친 과학 탐험을 직접 이끌기도 했지만, 1908년에 암살당하면서 이 모든 영화는 끝이 났다.

제2차 세계대전이 발발하자, 망명을 선택한 유럽의 많은 인사들이 정치적 중립을 선언한 포르투갈의 카스카이스로 향했다. 이때 많은 망명 왕족과 귀족들이 카스카이스에 저택을 지었다. 지금도 남아 있는 부르봉하우스(스페인), 사보이하우스(이탈리아) 등이 이때 세워진 건물들이다. 그 외에 헝가리 또는 불가리아 등지의 망명객들이 자리를 잡으면서 이 지역의 국제적인 색채는 더욱 강해졌다. 곧 카스카이스는 '망명자들의 도시'가 되었다.

1946년 이탈리아 공화국이 수립되면서 조국을 떠난 이탈리아의 마지막 왕 움베르토 2세도 카스카이스에서 망명 생활을 했다. 스페인의 왕위 계승자였던 후안 왕자도 왕위에 오르지 못하자 카스카이스에 와서 살았다. 스페인의 후안 카를로스 1세도 인근에 있는 에스토릴에서 살았다. 루마니아의 카롤 2세와 헝가리의 섭정도 카스카이스에 살다가 에스토릴에서 사망했으며, 영국의 에드워드 8세도 제2차 세계대전 중

카스카이스 해변

에 카스카이스에 몸을 피한 적이 있다.

이렇게 많은 귀족이나 부호 또는 휴양객들이 왔던 까닭에 카스카이스에는 예상외로 박물관이나 미술관이 많다. 부두 뒤편으로 박물관들이 집중적으로 모여 있는 곳을 '박물관 구역 Museum Quartier'이라고 부를 정도다.

마리나 드 카스카이스 Marina de Cascais

카스카이스의 중심 부두라고 할 수 있는 지역이다. 요트 650척을 정박시킬 수 있을 정도로 이 일대에서 가장 크고 세련된 요트 정박지이지만, 주변에는 여전히 어촌의 흔적도 공존한다. 'ㄷ'자로 만들어진 해안길을 걸으면서 카스카이스의 분위기를 느껴 보자. 요트 정박지가 있는 서쪽과 반대쪽인 동쪽은 분위기가 사뭇 다르다. 서쪽의 뒤편으로 있는 성채 같은 곳은 과거 포르투갈 왕실에서 궁전으로 사용하던 곳이다. 공원처럼 개방되어 있는데, 과거 요새의 모양과 분위기를 엿볼 수 있다.

마레샬 카르모나 공원 Parque Marechal Carmona

부두 뒤에 있는 아름답고 쾌적한 공원이다. 귀족 소유였던 곳을 시민 공원으로 만들었는데, 특히 아이들이 놀 수 있도록 잘 정비되어 있다. 작은 동물원, 놀이터, 연못 등이 있다. 산책하기에도 좋다.

콘데스 드 카스트로 기마랑이스 박물관 Museu Condes de Castro Guimarães

마레샬 카르모나 공원 안에 있는 건물이 '콘데스 드 카스트로 기마랑이스 박물관'이다. 마누엘 드 카스트로 기마랑이스 공작의 여름 별장이었던 크고 화려한 건물이다. 이 건물은 공작의 의사에 따라서 1931년에 박물관이 되었다. 절충주의 양식의 건물인데, 안에서는 멋진 아줄레주도 볼 수 있다. 그림, 가구, 도자기, 보석 등을 전시한다.

카사 솜머 Casa Sommer

'카사 솜머'는 1894년에 지어진 아담한 주택이다. 이곳은 이 지역의 역사를 알려 주는 역사박물관이 되었는데 안에는 시립 기록보관소도 있다. 박물관의 이름은 건물의 첫 주인이었던 엔히크 솜머 Henrique Sommer의 이름을 딴 것이다.

바다 박물관 Museu do Mar Rei D. Carlos

'바다 박물관'은 주택과 정원을 이용해 만든 곳이다. 카스카이스의 어촌에 관한 박물관으로, 어촌과 바다 문화를 소개하는 사물들을 소박하게 전시 중이다.

카스카이스 문화센터 Centro Cultural de Cascais

이 눈에 띄는 건물에서는 여러 가지 전시회가 번갈아 열리며, 음악회가 열리는 작은 콘서트홀도 있다.

카스카이스 요새 Cidadela de Cascais

카스카이스에 소재한 요새의 한 부분을 복원하여 만든 예술 공간이다. 작가들이 작품을 전시하고 판매할 수 있는 공간을 제공한다.

카사 드 산타 마리아 Casa de Santa Maria

이 '산타 마리아의 집'은 포르투갈의 저명한 건축가인 하울 리누가 1918년에 '카사 포르투게사Casa Portuguesa'풍으로 지은 아름다운 저택이다. 이를 카스카이스 시청에서 매입하여 박물관으로 사용하고 있다. 왕가나 귀족의 궁전들이 즐비한 이 지역에서, 카스카이스 어부와 서민들의 가정을 재현하여 그들의 소박한 삶을 엿보기에 좋은 곳으로 만들었다.

이 아름다운 건물은 전망도 훌륭하다. 어쩌면 카스카이스에서 가장 예쁜 건물일지도 모른다. 아줄레주가 특히 아름답고 섬세한 인테리어와 장식물도 유심히 볼 만하다. 지금은 문화센터 같은 역할을 해서 다양한 전시회도 열리고 음악회나 시민들을 위한 행사 장소로도 쓰인다. 하울 리누의 주택 디자인을 감상할 수 있는 좋은 기회다.

카사 드 산타 마리아

하울 리누
Raul Lino da Silva, 1879~1974

인물

　보통 하울 리누로 알려져 있는 '하울 리누 다 실바'는 리스본에서 태어났다. 그는 20세기 초 포르투갈의 가장 중요한 건축가였으며, 건축 이론가, 건축 평론가, 작가이자 교육자이기도 했다. 지금 세계적으로 활약하는 알바루 시자 비에이라, 페르난두 타보라, 에두아르두 소투 드 무라 등의 포르투갈 건축가들이 모두 그의 영향을 받았다.

　리스본의 유복한 가정에서 태어난 그는 건축 자재를 만들고 판매하는 회사를 경영하는 아버지로 인해 일찍이 건축에 관심을 가졌다. 아버지는 그가 겨우 열 살 때 영국으로 유학을 보냈고, 그곳에서 공부를 마친 그는 건축에 뜻을 품고 독일로 건너간다. 그는 세기말 독일 건축을 일으킨 건축가 알브레히트 하우프트Albrecht Haupt(1852~1932)의 스튜디오에서 건축을 배운다. 영국과 독일에서 수학한 리누는 1897년에 포르투갈로 돌아와 학위를 마치고 아버지 회사에 취직해 잠시 일한다. 그러다가 포르투갈 전국을 여행하기 시작한다. 이 여행을 통해 그는 조국 방방곡곡의 건축물을 찾아다니면서 포르투갈의 주거양식과 형태가 발전해 온 과정을 면밀히 연구한다.

　리누는 이 경험을 바탕으로 건축 설계에 뛰어든다. 이때부터 그는 700개가 넘는 건축 프로젝트에 참여하는데, 이 시기의 활약으로 그는 전국에 자신의 능력을 과시하고 명성을 쌓아 간다. 주로 부호들의 별장과 공공건축으로 이루어진 그의 작품은 주로 리스보아 지방, 특히 신트라와 카스카이스의 해안에 집중적으로 건립되면서 이 지역이 세련된 모습으로 탈바꿈하는 데 크게 기여한다.

> **고향의 재료를 즐겨 활용한
> 포르투갈 현대 건축의 아버지**

리누의 건축물들은 포르투갈 건축이 근대에서 현대로 넘어가는 과정에 결정적인 영향을 끼쳤다. 그는 포르투갈에서 처음으로 국립미술아카데미가 설립될 때 건축 분야의 창설자로 참여하고 나중에는 이 학교의 교장도 맡게 된다. 또한 포르투갈 주택 건축의 이론을 정립하고 방향을 설정하는 책도 많이 출간한다. 그의 이런 이론에 부합되는 포르투갈식 주택을 '카사 포르투게사'라고 부른다.

그는 카사 포르투게사에서 돌, 벽돌, 테라코타로 된 기와 같은 재료를 즐겨 이용했는데, 대부분의 주택들이 소박하면서도 우아하고 아름답다. 신트라와 카스카이스 지역에는 그의 손길이 미친 주택들이 많으니, 만나게 되면 유심히 살펴보기 바란다.

산타 마르타 등대와 등대 박물관 Farol de Santa Marta & Farol Museu

바닷가를 거닐다 보면 흰색과 푸른색의 선명한 스트라이프 무늬가 눈에 띄는 멋진 등대가 보인다. 1868년에 세워진 '산타 마르타 등대'로, 한때 포르투갈에서 가장 중요한 등대였다. 지금은 등대지기는 자취를 감추고 자동으로 작동한다. 등대 옆에 있는 고색창연한 건물은 '등대 박물관'이다. 2007년에 개관한 이 박물관은 등대에 관한 여러 사물을 전시하고 있으며, 등대지기의 방도 재현해 놓았다.

파울라 레구 미술관 Paula Rego Museum

카스카이스에 소재한 미술관 중에서 가장 중요하고도 강렬한 매력을 발산하는 건물은 '파울라 레구 역사의 집' 또는 '파울라 레구 미술관'으로 불리는 건물이다. 일단 붉은색 피라미드를 연상시키는 건물이 눈에 확 들어온다. 건물의 붉은색이 주변의 잔디밭이나 숲의 초록색과 정열적인 대비를 이룬다. 마치 아프리카나 멕시코의 어디쯤에 시간여행을 온 듯한 기분이 들고, 그 안에 있을 미술품에 대한 격한 호기심도 불러일으킨다. 이 건물은 포르투갈의 건축가 에두아르두 소투 드 무라가 설계한 것으로, 그의 대표작 중 하나다.

이곳에는 포르투갈의 화가 파울라 레구가 평생 동안 치열하게 그렸던 많은 회화 작품이 전시되어 있다. 또한 그녀와 함께 포르투갈에서 예술을 길을 걸었던 남편, 영국인 화가 빅터 윌링 Victor Arthur James Willing(1928~1988)의 그림들도 전시되어 있다.

파울라 레구 미술관

파울라 레구

Paula Figueira Rego, 1935~

인물

요즘은 현대미술가 중에서 사실적인 그림을 그리는 화가를 찾기가 쉽지 않은데, 그중에서 확실하게 성공한 화가 중 한 명이 파울라 레구다. 그녀는 런던에 거주하면서 영국을 중심으로 활동하고 있지만, 포르투갈 리스본 출생이다.

살라자르의 독재시대에 유년기를 보낸 그녀의 그림에서는 당시의 암울한 사회 분위기에 기인한 어둠이 흐르고 있다. 그녀는 또한 어린 시절 할머니가 들려준 여러 가지 동화나 설화에도 깊이 매료되었다고 한다. 그래서인지 어둡고 우울한 색채에 환상적인 신화나 동화 같은 분위기를 담은 레구의 그림들은 묘한 아름다움으로 감상자를 빨아들인다. 프리다 칼로나 디에고 리베라가 떠오르기도 한다.

레구의 아버지는 어린 딸이 가톨릭 교육을 받는 것을 원치 않아서 그녀를 포르투갈 내의 영국인 학교로 보냈다. 졸업 후 그녀는 어머니와 함께 영국으로 가서 상급학교에 진학했다. 1952년에 슬레이드 미술학교에 입학해 현대 회화를 탐구하기 시작하면서 영국의 미술계 인사들과도 사귀게 된다. 화가 빅터 윌링을 만난 것도 그 학교에서였는데, 당시에 윌링은 유부남이었다. 하지만 윌링은 레구와 같은 예술의 길을 가기를 열정적으로 원하여, 결국 이혼하고서 그녀를 따라 포르투갈로 갔다. 이후 결혼한 두 사람은 포르투갈에서 함께 현대 회화의 길을 걸었다.

하지만 레구의 아버지가 사망하면서 그녀의 집안이 어려워졌다. 레구는 남편과 함께 아이 셋을 데리고 다시 런던으로 향한다. 런던에서 활동을 재개하면서부터 그녀는 점점 유명해지기 시작하지만, 이번에는 남편 윌링이 병에 걸린다.

> "
> 어두운 색채 속에 담긴
> 환상적인 아름다움
> "

그때부터 그녀의 화풍도 변한다. 호안 미로 등의 초현실주의 경향을 따르던 초기와 달리 환상적인 사실주의로 바뀌면서 포르투갈의 동화와 신화 속 소재들이 화폭에 나타난다. 또한 살라자르의 독재에 항거하던 모습과 같은 역사적 요소들도 그림에 나타난다. 한편 포르투갈의 보수적인 가톨릭 문화에도 거부감이 컸던 레구는 법으로 낙태가 금지되어 음지에서 낙태할 수밖에 없었던, 억압받고 황폐화되어 가는 고국의 여성들을 그리기도 했다.

1988년에 남편이 사망한 이후, 그녀는 더욱 고독해 보이지만 그만큼 더 도전적이고 투쟁적인 내용을 담은 그림을 그렸고, 이를 통해 더욱 강렬하고 독창적인 회화 세계를 구축했다. 현재는 포르투갈을 대표하는 현대 화가이자 최고의 여성 화가로 칭송받고 있다.

에두아르두 소투 드 무라
Eduardo Souto de Moura, 1952~

인물

현대 포르투갈의 대표적인 건축가의 한 명인 에두아르두 소투 드 무라의 본명은 에두아르두 엘리시우 마사두 소투 드 무라 Eduardo Elísio Machado Souto de Moura다. 그는 페르난두 타보라나 알바루 시자처럼 포르투 대학에서 가르쳤던 사람들을 중심으로 일컬어지는 '포르투 건축학파'의 한 사람이다. 포르투 건축학파는 포르투갈 건축이 세계 정상에 있음을 보여 주는 포르투갈 현대 건축의 대표주자들이라고 할 수 있다. 드 무라는 알바루 시자에 이어서 건축계의 노벨상이나 다름없는 프리츠커상과 울프상 등 권위 있는 건축 상을 수상했다.

포르투에서 태어난 드 무라는 지금의 포르투 대학인 포르투 고등미술 연구소ESBAP에서 미술을 공부했는데, 이때 만난 미니멀리스트 도널드 주드Donald Judd의 영향으로 진로를 건축으로 결정한다. 그리하여 그는 노에 디니스Noé Dinis에게 건축을 배우고, 이어 알바루 시자를 만난다. 드 무라는 시자의 건축철학에 매료되어 1975년부터 5년간 시자의 밑에서 엄격한 훈련을 받으면서 건축가로 성장한다. 또한 시자 외에도 미니멀리즘 건축의 대가인 루트비히 미스 반데어로에Ludwig Mies van der Rohe의 영향도 받았다. 시자로부터 독립해 1980년에 자신의 이름을 건 사무소를 세운 그는 여전히 시자와 함께 공동 작업을 한다. 또한 교육자로서 강단에 서기도 한다.

드 무라가 처음으로 맡은 대형 공공 프로젝트는 브라가의 시립 시장이며, 이어서 포르투의 문화센터인 카사 다스 아르테Casa das Artes를 설계하여 이름을 널리 알린다. 그 외에도 브라가의 시립 경기장, 베네치아의 아카데미아 다리Ponte dell'Accademia, 포르투 시립 도서관의 강당과 어린이 도서관, 그리고 2009년에 바로 카스카이스의 파울라 레구 미술관을 설계한다. 드 무라는 포르투갈을 중심으로 주택과 빌딩을 비롯하여 교량, 리조트, 와이너리 등을 설계했으며 스페인, 이탈리아, 벨기에, 스위스 등에서도 그의 작품들을 볼 수 있다.

"조용하고 사색적이어서 더욱 아름다운 공간"

드 무라는 미니멀리즘을 바탕으로 한 단순한 직선이나 곡선을 선호하며, 색채 역시 단순한 색깔을 즐겨 사용한다. 그는 건축물이 대지의 환경에 어울리도록 신경 썼으며, 특히 해당 지역의 재료를 사용하여 건축물이 환경과 분리되지 않도록 했다. 즉 그는 자갈이나 벽돌과 같은 평범하고 자연적인 재료를 이용하고, 공간을 단순하게 구획하고 내면과 전경을 조화시켜 전체적인 이미지를 한데 녹아들도록 한다. 단순할 뿐 아니라 조용하고 사색적이어서 더욱 아름다운 구조물들이다.

카스카이스의 해변들

오늘날 요트 650척이 정박할 수 있는 대형 선착장을 갖춘 카스카이스는 세계적인 규모의 요트 경기가 열리는 곳이기도 하다. 또한 카스카이스 시내와 주변에는 아름답고 멋진 해변이 많다. 특히 이곳의 파도는 서핑에 적합하여 세계에서도 첫손에 꼽히는 서핑 명소이기도 하다. 카스카이스의 해변들을 살펴보자.

시내 가까운 곳에 있는 하이냐 해변 Praia da Rainha은 작지만 유명하다. '여왕의 해변'이라는 뜻인데, 과거에 아멜리아 여왕의 전용 해변이었기

보카 두 인페르노

에 지금도 이렇게 부른다. 시내 중심에 있으며, 작지만 고즈넉하고 아름답다. 다른 쪽으로는 히베이라 해변Praia da Ribeira이 있다. 역시 작고 귀여워 가족끼리 해수욕을 하기에 좋다. 이곳을 이전에는 어부들의 해변Praia dos Pescadores이라고 부르기도 했다.

  교외에는 더 크고 본격적인 해변들이 있다. 보카 두 인페르노Boca do Inferno는 카스카이스 주변 해안의 백미라고 할 수 있다. '지옥의 입'이라는 뜻의 이름은 바다를 향한 바위 밑의 동굴과 그 부근을 일컫는 말인데, 거센 파도가 절벽 밑에서 몰아칠 때의 모습을 보고 이런 이름을 붙였다. 파도는 주로 겨울에 많이 치는데, 파도가 없을 때도 주변에 펼쳐진 절벽들은 감탄을 자아낸다. 페소아가 자살 충동을 일으킨다고 말한 곳이다.

  카스카이스 시내에서 좀 떨어진 북서쪽 대서양 연안의 긴수 해변Praia do Guincho은 세계적인 서핑 명소 중 하나로, 연중 내내 세계의 서퍼들이 모여들며 많은 대회가 열린다. 그 옆의 크레스미나 해변Praia do Cresmina은 좀 작지만 기암들이 환상적이며 운치 있는 해안선이 매혹적이다. 이곳에는 좋은 카페와 식당도 있다.

호텔 포르탈레사 두 긴수 Hotel Fortaleza do Guincho

  긴수 해변과 크레스미나 해변 사이의 바위 위에 자리한 호텔이다. 과거에 요새였던 건물을 호텔로 개조한 곳으로 그 입지가 더할 나위 없이 훌륭하다. 양쪽 해변을 다 즐길 수 있으며, 특히 석양의 아름다움은 최고다. 인테리어가 오래되었지만 기품이 있으며 직원들도 격조가 있다.

에스토릴

에스토릴 Estoril

카스카이스 바로 옆의 관광도시가 에스토릴이다. 앞서 이야기했지만, 카스카이스에 많은 망명객들과 휴양객들이 찾아오면서 유럽 최대의 카지노가 카스카이스 옆의 작은 마을 에스토릴에 들어섰다. 그 후 에스토릴은 카지노를 중심으로 럭셔리한 휴양지로 발전했다.

제2차 세계대전 중에 에스토릴은 카지노를 중심으로 간첩들의 첩보 활동이나 비밀 외교가 활발하게 펼쳐졌으며, 그만큼 세련되고 국제적인 분위기가 만연한 곳이었다. 이후 유럽 대륙의 정세가 요동칠 때마다 에스토릴로 몸을 피한 정치가들이 많았다. 헝가리의 수상이었던 미클로시 호르티 Miklós Horthy, 스페인의 후안 왕세자(후안 카를로스 1세의 아버지), 이탈리아의 마지막 왕 움베르토 2세, 루마니아의 카롤 2세 등이 모두 에스토릴에서 망명의 외로움을 달랬다. 포르투갈의 독재가 살라자르도 이곳에 집을 가지고 있었다. 세르비아 출신의 포르투갈 작가 데얀 티아구 스탄코비치 Dejan Tiago Stankovic는 제2차 세계대전 시기의 이 지역을 그린 소설 『에스토릴Estoril』을 2016년에 발표했다.

카지노 에스토릴 Casino do Estoril

어찌 보면 도시 에스토릴보다 더 유명한 것이 카지노 에스토릴이다. 카지노 에스토릴은 유럽에서 가장 큰 카지노로 알려져 있으며 수준도 높다. 1916년에 설립된 이곳은 제2차 세계대전 중에 망명 왕족과 귀족, 스파이, 정보원, 모험가, 무정부주의자, 자유사상가 들이 교류했던, 유럽에서 매우 평판이 높은 카지노의 하나였다. 또한 이곳은 세계에서 몰려온 스파이들이 서로 정보를 캐내고 교환하던 격전장이기도 했다. 이런 분위기 덕분에 첩보원 출신의 영국작가 이안 플레밍 Ian Fleming은 여기서 영감을 받아 소설 『카지노 로열 Casino Royale』을 집필했다(소설 속에 나오는 지명은 다른 곳이다). 이 작품의 성공으로 저 유명한 '007 제임스 본드 시리즈'가 탄생하게 되었으니, 이 카지노가 007을 탄생시킨 셈이다.

카지노는 1958년에 주제 테오도루 두스 산투스 José Teodoro dos Santos가 매입하여 1960년대에 건축가 필리페 노브르 드 피게이레두 Filipe Nobre de Figueiredo와 주제 세구라두 José Segurado에 의해 전면적으로 개축, 확장돼 지금의 모습을 갖추었다. 주제 테오도루가 사망하면서 자손에게 승계되었지만 지금은 포르투갈 정부에서 관리하고 있다.

호텔 팔라시우 Palacio Estoril Golf & Spa Hotel

전통 있는 럭셔리 호텔이다. 과거 유명한 망명객들이 자신들의 집처럼 묵었던 곳이라, 굳이 묵지 않더라도 방문해서 구경할 만한 가치가 있는 장소다. 인테리어는 낡았지만 과거의 영화를 엿볼 수 있으며, 스태프들도 여전히 당당하고 깍듯하다. 007 시리즈 영화 중 「여왕 폐하 대작전 On Her Majesty's Secret Service」을 촬영한 곳이기도 하다.

포르투갈 음악 박물관 Casa Verdades de Faria

미셸 자코메티라는 개인이 수집한 악기들을 모아 놓은 박물관이다. 주로 파두를 위한 반주 악기나 포르투갈 민속악기 또는 대중음악용 악기들이다. 하지만 악기 이상으로 중요한 것이 몬테 에스토릴의 언덕 위에 자리한 건물을 둘러보는 것이다. 1917년에 조르즈 오닐이 세운 이 개성 넘치는 건물은 마지막 건물주가 사망하면서 카스카이스시에 기증되었고, 시에서 이곳에 자코메티의 수집품을 전시하기로 결정하면서 이 음악 박물관이 탄생했다.

카보 다 호카

카보 다 호카 Cabo da Roca

얼마나 간절히 이곳에 오고 싶었을까? 여기 도착한 사람들은 모두 그런 마음을 갖고 있을 것이다. 그런 마음 없이 카스카이스나 신트라에서 굳이 차를 타고 구불구불한 산길을 넘어 여기까지 달려오지는 않았을 것이다. 밭과 농가를 지나다 보면 어느덧 저 앞에 푸른 대서양이 펼쳐지기 시작한다. 설레는 순간이다. 이윽고 차에서 내려서는 두 발로 걸어서 낭떠러지의 끝을 향해 간다.

여기가 세상의 끝이다. 이곳은 지구에서 가장 거대한 유라시아 대륙의 최서단이다. 이곳의 이름은 '카보 다 호카', 즉 '호카곶'이다. 곶이란 툭 튀어나온 땅을 가리키는 말이니, 이곳의 형태조차도 대륙의 끝에 적합하다.

가까이 가서 절벽 위에 서 본다. 아찔하다. 이 유명한 절벽은 단애斷崖의 높이가 100미터 정도다. 하지만 멀리 수평선을 바라보면 시야에 펼쳐지는 바다가 하도 넓어서 높은 곳이라는 실감이 나지 않기도 한다. 절벽의 윗부분은 잡초 외에는 거의 식물이 자라기 어려운 환경이며, 붉은 흙과 검은 돌만이 엄청난 바람을 견디고 있다. 세찬 파도가 끊임없이 붉은 벽을 때려서 단애의 아랫부분이 침식되어 있는데, 파도는 지금도 그 안을 파고 들어가고 있다. 많은 물새들이 그 파도 위를 돌아다니고 있다.

'세상의 끝'이라 적힌 기념비 위에 세워진 십자가가 멀리 바다를 바라본다. 영화 「리스본행 야간열차」에서 주인공 커플이 자동차를 몰고 와서 차에서 밤새도록 이야기를 나누다 아침을 맞이하는 장면도 이곳 절벽 중 한 군데에서 촬영한 것이다. 영화 속 남자는 바다를 바라보면서 브라질로 가겠다고 말한다.

그때 나는 느꼈다. 그렇다. 그들에게는 바다 건너 브라질이 있다. 같은 언어를 쓰고 같은 음식을 먹고 같은 문화를 가진, 그러나 훨씬 더 큰 땅……. 작은 땅을 가진 포르투갈 사람들은 육지를 향해 물러나기를 거부했다. 그들은 망망한 대서양을 바라보면서 그 미지의 바다로 나아가려고 했다. 그렇게 그들은 브라질을, 그리고 세상의 많은 땅들을 발견했다.

기념비에는 "유럽 대륙의 최서단"이라고 표시되어 있고, 포르투갈의 위대한 시인 루이스 드 카몽이스의 시 한 구절이 새겨져 있다.

여기,
땅이 끝나는 곳,
그리고 다시 바다가 시작되는 곳

AQUI

ONDE A TERRA SE ACABA

E O MAR COMEÇA

끝은 없다. 땅이 끝나면 바다가 시작된다. 끝에 다다르면 새로운 시작이 있다.

부록

리스본의 호텔

세계적으로 리스본 여행이 붐을 이루고 있는 형편이라, 종종 호텔 선택이 어려울 수 있다. 그런데 생각보다 숨어있는 호텔은 많다. 어쩌면 외부에 잘 알려진 호텔이 적은 것뿐인지도 모른다. 리스본의 호텔은 크게 원래부터 있던 전통적인 호텔과 최근 몇 년 사이의 여행 붐 때문에 새로 생긴 호텔로 나뉠 수 있다. 낡았지만 리스본의 분위기를 느낄 수 있는 전통적인 호텔로 할 것인가, 아니면 방안에서는 어디에 와 있는지 알 수 없는 쾌적한 분위기의 새 호텔로 할 것인가를 먼저 정해야 할 것이다. 각 호텔의 소개를 읽어보면 어떤 분위기인지 알 수 있을 것이다.

바이샤 지구

발베르드 호텔
Valverde Hotel

아베니다 다 리베르다드에 조용히 숨어있는 부티크 호텔이다. 낡은 건물이고 가구도 1950년대 스타일이지만 새롭게 개조했다. 규모는 작지만 방도 좋고 서비스도 뛰어나다. 예쁜 방들이 딱 25개만 있는 곳이다. 묵고 있으면 기분이 좋아진다. 상 조르즈 성이 보이는 위치도 좋고 직원들도 친절하다. 건물은 추가 확장 계획에 있다. 작은 5성급.
홈페이지 www.valverdehotel.com

소피텔
Sofitel

아베니다 다 리베르다드에는 큰 5성급 호텔이 많지는 않은데, 그 중에서 좋은 호텔이다. 1층의 식당에서 아베니다를 바라보면서 아침을 먹는 기분이 좋다. 소피텔이라는 브랜드의 명성에 비하면 비교적 방들이 좁고 그리 쾌적하지는 못하다. 오래된 건물을 수리했기 때문이다. 하지만 관리 상태는 깨끗하며 직원들은 아주 친절하다. 아쉬운 5성급.
홈페이지 sofitel.accorhotels.com

브리타니아
Britania

아베니다 다 리베르다드에 있는 호텔로서 가까운 곳이 명품 쇼핑가이다. 좀 낡았지만 과거에 품격이 있었던 호텔로서 여전히 그때의 후광을 간직한 클래식하고 조용한 분위기가 인상적이다. 스태프들이 친절하다. 4성급.

홈페이지 www.hotel-britania.com

아베니다 팔라스 호텔
Avehida Palace Hotel

이 지역의 대표적인 호텔. 호시우 역 바로 옆이라는 좋은 위치에 있다. 지금 리스본에는 리츠나 페스타나 등 럭셔리 호텔들이 많이 생겼지만, 이런 호텔들이 생기기 전까지 리스본 시내, 특히 바이샤 지역에서 대표적인 호텔이었다. 1892년에 지어진 벨 에포크 양식의 건물이 주는 로비의 웅장하고 화려한 모습은 과거의 영화(榮華)를 대변해준다. 주말에는 아직도 투숙객을 대상으로 하는 전통적인 콘서트가 열리기도 한다. 하지만 확실히 호텔의 시설은 조금 낡았다. 퇴역을 앞둔 화려한 여객선 같다. 그런데 어쩌면 이 느낌이 과거 리스본의 분위기에 어울리는지도 모르겠다. 관리는 깨끗하다. 이 호텔의 나이 많은 컨시어지는 이 지역의 산 증인이다. 위치가 좋아 바이샤뿐 아니라 시아두 지역도 5분 내로 걸어갈 수 있다.

홈페이지 www.hotelavenidapalace.pt

알티스 아베니다 호텔
Altis Avenida Hotel

아베니타 팔라체 호텔 건너편에 있다. 과거 한때는 이 두 호텔이 호시우 지역의 양대 호텔이었다. 지금은 좀 낙후되었는데, 그래도 방의 품격은 남아있다. 합리적인 가격에 클래식한 방과 좋은 위치를 원한다면 좋은 곳이다. 4성급.

홈페이지 www.altishotels.com

알티스 그랜드 호텔
Altis Grand Hotel

바이샤 지구에서 바이루 알투로 이어지는 좀 한적한 길에 있는 조용한 호텔이다. 비교적 넓고 깨끗하게 정비된 방을 원한다면 좋은 선택이다. 번화한 위치는 아니지만 관광과 쇼핑 모두에 편리하다. 4성급.

홈페이지 www.altishotels.com

부티크 호텔 피게이라
Beautique Hotel Figueira

피게이라 광장에 면해 있는 작은 호텔로서, 낡은 건물을 개조하여 부티크 호텔이라는 이름으로 다시 개관하였다. 걸어 다니기에 아주 좋은 위치이며, 주변에 식당과 카페도 많다. 실내도 예쁘고 깔끔하다.

홈페이지 www.hotelfigueiralisboa.com

브라운스 호텔 그룹
Brown's Hotel Group

바이샤 지역의 한가운데에 있는 낡은 호텔을 개조하여 부티크 호텔의 콘셉트로 최근에 오픈했다. 디자인적인 요소를 가미하여 좁은 환경을 잘 극복했다. 이 호텔이 성공하면서 바이샤 지역의 아주 가까운 거리 안에 브라운스 센트럴 호텔 (Brown's Central Hotel), 브라운스 다운타운 호텔(Brown's Downtown Hotel), 브라운스 부티크 호텔 (Brown's Boutique Hotel) 등의 세 개의 호텔이 연달아 생겨났다. 이 호텔들은 모두 바와 비스트로 등을 두고 있으며 같은 콘셉트를 갖고 있다. 3~4성급.

홈페이지 www.brownshotelgroup.com

시아두 지역

바이루 알투 호텔
Bairro Alto Hotel

리스본에는 유명한 호텔이 많지만, 어느 지성적인 리스본 시민이 이 호텔이야말로 리스본에서 최고의 호텔이라고 말한 적이 있었다. 최고급 호텔은 아니지만, 그의 말은 아마도 세련된 인테리어와 뛰어난 입지를 뜻했을 것이다. 1845년에 지어진 건물은 세련되게 리모델링되었지만, 방들이 아주 좁다는 점은 감안해야 한다. 옥상의 라운지에서는 기가 막힌 리스본의 풍경을 볼 수 있는데, 투숙객뿐 아니라 일반인에게도 개방되어 있다. 카몽이스 광장 가운데 있어서 위치는 정말 최고이며, 운동화를 신은 활동적인 젊은 스태프들이 친절하다. 5성급.

홈페이지 www.bairroaltohotel.com

르 콘술라
Le Consulat

시아두 지역에 숨어있듯이 위치한 부티크 호텔이다. 과거에 브라질 대사관이었던 건물이라 그 화려함이 남아 있는데, 거기다 현대적인 인테리어와 모던한 가구를 더했다. 시아두에서 편안한 호텔을 찾는다면 이곳이 적합하다. 카몽이스 광장이 보이는 전망이 좋다. 4성급.
홈페이지 www.leconsulat.pt

포 시즌스 호텔 리츠
Four Seasons Hotel Ritz

폼발 광장 뒤편으로 멋대가리 없이 지어진 커다란 현대식 건물 위에 리츠라는 이름까지 붙은 것을 보게 된다. 과거의 독재자 살라자르가 마드리드나 파리에 있는 것과 같은 최고급 호텔을 원하여, 그것과 같은 이름으로 1950년대에 설립한 것이다. 건물 외관은 심심한 현대식이고 내부는 한 세대 전의 스타일이지만, 아르데코 풍으로 가구들도 클래식하고 고급스럽다. 시설이 좀 낡은 것도 사실이지만 방들이 넓다. 리스본 시내가 내려다보이는 전망은 아주 좋지만, 그 풍경 속으로 들어가기 위해서는 교통편이 필요한 것이 불편하기도 하다. 그러나 서비스는 최고급이다. 마드리드나 파리의 리츠와는 전혀 관계가 없이, 가족이 경영하는 사업체다. 포 시즌스 호텔의 체인으로서 관리를 받고 있다.
홈페이지 ritzlisbon.com

인터콘티넨탈 호텔 리스본
InterContinental Lisbon

현대식 대형호텔이다. 시설은 좋지만 시스템이 완벽하지는 않다는 것을 느끼게 될 것이다. 여러 가지 국제회의가 자주 열리는 곳으로 종종 번잡하다. 개인이 시내로 나갈 때는 걸어가기에는 곤란하다는 것이 단점이다.
홈페이지 lisbonintercontinental.com

LX 부티크 호텔
LX Boutique Hotel

최근에 새롭게 장식된 작은 호텔. 부티크 호텔을 표방한다. 좋은 방에서는 4월25일 다리가 보이는 멋진 전망을 만끽할 수 있다. 비교적 한가한 곳에서 쉬고 싶은 분들에게 추천한다.
홈페이지 www.lxboutiquehotel.com

알파마 지역

팔라세트 샤파리스
Palacete Chafariz D'el Rei

알파마 지역에서는 좋은 호텔을 찾기가 쉽지 않은데, 그 중 가장 추천할만한 고급 호텔이다. 브라질에서 거부가 된 사업가 주앙 안토니우 산투스가 1909년에 귀국하여 지은 저택을 호텔로 개조한 것이다. 신무어 양식과 아르누보 양식이 어우러진 화려하고 멋진 실내를 자랑한다. 발코니에서 바라보는 풍경은 대단히 멋지다. 하지만 분명 건물은 낡았으며 인테리어도 완벽하지는 못하다. 낡은 시설에 개의치 않는다면 리스본의 멋을 즐길 수 있는 호텔이다. 5성급.

홈페이지 www.chafarizdelrei.com

산티아구 드 알파마
Santiago de Alfama

알파마 지역의 골목 안에 숨어있는 그림 같은 호텔이다. 15세기에 지은 낡은 집을 작은 부티크 호텔로 개조한 것이다. 흰색을 기조로 한 객실과 화사하고 깨끗한 인테리어가 보기 좋다. 알파마의 낭만을 만끽하기에 좋다. 내부에 오드리라는 좋은 술집을 가지고 있다. 4~5성급.

홈페이지 www.santiagodealfama.com

멤무 알파마 호텔
Memmo Alfama Hotel Lisboa

알파마에 새로 개장한 호텔. 작고 귀여운 숙소다. 옥상에는 루프탑이 있어서 좋은 전망을 즐길 수 있다.

홈페이지 www.memmohotels.com

폼발 광장 뒤쪽 지역

코린티아 호텔
Corinthia Hotel Lisbon

현대식 대형호텔이다. 도시의 중심부에서는 조금 멀어서 다니는 데 불편하지만, 호텔 자체는 좋은 편이다. 5성급으로 분류되는 것 같은데, 최고 수준의 시설과 서비스는 아니다. 다만 몇몇 방에서는 아구아스 리브레스 수로가 잘 보이는 좋은 전망을 가지고 있다.

홈페이지 www.corinthia.com

쉐라톤 리스보아 호텔
Sheraton Lisboa Hotel

에두아르두 7세 공원 부근에 있는 현대식 대형 호텔이다. 고층이라 주변이 트여서 대부분 방의 전망이 좋다. 방이 넓고 스파가 있다. 회의 개최나 단체 관광객이 많다.
홈페이지 www.marriott.com

벨렘 지역

페스타나 팔라스 호텔
Pestana Palace Lisboa Hotel & National Monument

리스본에서 가장 좋은 호텔이다. 1800년대에 포르투갈 전체에서 가장 부유했다고 하는 발레플로르 후작이 세운 궁전을 호텔로 개조했다. 몇 개의 식당을 비롯한 대부분의 공간들이 우아한 건축미를 보여준다. 게다가 호텔 일대가 조용하고 쾌적하며, 객실들은 푸른 정원으로 둘러싸여 있어서 편안하고 아름답다. 호텔에서 4월 25일 다리가 보이며, 부근에 있는 벨렘 지역의 여러 명소를 걸어서 돌아다니기에 아주 좋다. 단, 시내로 갈 때는 차량이 필요하니 시간과 비용을 약간 감수해야 한다. 하지만 박물관과 명소가 많은 이 부근에서 하루나 이틀을 묵으면서 휴식을 취하려는 사람에게는 최고의 장소다. 지성과 감성이 모두 충만해질 것이다.
홈페이지 www.pestanacollection.com

라파 팔라스 호텔
Olissippo Lapa Palace Hotel

1870년에 백작의 저택으로 지어진 건물이라 화려한 인테리어가 방문객을 압도한다. 테주강과 리스본 언덕을 포함한 대단히 아름다운 전망을 가지고 있다. 나중에 많은 화가들이 숙소로 사용하면서 창작 활동을 했던 곳으로, 리스본을 방문하는 예술가나 명사들에게는 숨겨진 인기 숙소였다. 그러다가 주인이 바뀌어 1988년에 호텔로 전면 개조되었다. 방들은 우아하고 격조가 있다. 2002년에 확장되어 방이 늘어났다. 시내까지 걸어가기는 어렵다.
홈페이지 www.olissippohotels.com

팔라시우 두 고베르나도르
Palacio do Governador

벨렘 지역에 숨어있는 또 하나의 괜찮은 호텔이다. 로마 시대의 폐허 위에 지어진 수도원

시설을 호텔로 개조한 것으로, 객실에서도 옛 건물의 모습을 느낄 수 있어서 좋다. 벨렝의 아름다운 풍광과 쾌적한 환경을 즐기기에 좋은 위치다. 바로 부근에 벨렝 탑이 있고 주위는 거의 공원 같다. 다만 시내에 나가려면 차량을 이용해야 하는 불편함이 있다. 4성급.
홈페이지 www.palaciogovernador.com

알티스 벨렝 호텔
Altis Belém Hotel & Spa

벨렝 지역에 있는 아주 좋은 호텔이다. 무엇보다도 3층에 불과한 낮은 건물이 테주강 변에 면해 있어서, 휴식하기에 딱 어울린다. 방의 시설도 좋고 인테리어는 현대식이다. 스파와 수영장이 있다. 역시 시내까지 교통이 불편하다.
홈페이지 www.altishotels.com

팔라시우 라말헤트
Palacio Ramalhete

벨렝 지역 초입에 있는 국립 고대 미술관 앞의 작은 숙소다. 18세기의 건물을 개조한 곳으로 스위트룸 급의 넓은 방 12개로만 이루어져 있다. 각방의 인테리어에 신경을 써서 쾌적하게 묵을 수 있다. 넓은 안마당과 수영장을 갖추고 있으며 테주강이 내려다보인다. 시내와는 좀 떨어져 있다.
홈페이지 www.palacio-ramalhete.com

올리바이스 지역

미리아드 호텔
Myriad Hotel

바스쿠 다 가마 타워의 아래 부분을 개조하여 만든 호텔로 최근에 개관하였다. 178개의 모든 방에서 테주강과 다스쿠 다 가마 다리의 장관이 보인다. 포르투갈의 사나(Sana) 호텔체인이 운영하고 있는데, 이 체인이 가진 최상위 등급 호텔이다. 리스본 시내에서 먼 것 같지만, 지하철을 이용하면 쉽게 접근할 수 있다. 주변의 쇼핑몰과도 바로 연결되어서 편리하다. 리스본의 구시가지만 고집하지 않는다면 추천할 만하다. 5성급.
홈페이지 www.myriad.pt

호텔 티볼리 오리엔트
Tivoli Oriente

오리엔트 역 바로 옆에 있는 쾌적하고 편리한 현대식 호텔이다. 리스본 공항이나 오리엔트 역에서 환승하기에 편리한 위치지만, 그냥 올리바이스 지역의 관광만을 위해 묵어도 좋다. 쇼핑몰이 바로 옆에 있고 많은 위락시설과 식당이 가까이에 있다. 호텔에서 보는 오리엔트 역의 야경도 장관이다.

홈페이지 www.tivolihotels.com

호텔 올리시푸 오리엔트
Hotel Olissippo Oriente

오리엔트 역에서 가까운 비즈니스 호텔이다. 현대식 인테리어와 시설이 깔끔하다. 특별한 특징은 없지만 편리하다는 것이 최고의 장점이다.

홈페이지 www.olissippohotels.com

신트라

호텔 로렌스
Hotel Lawrence

신트라 시내에서 손꼽히는 호텔이라 할 수 있다. 신트라 시내가 아래로 내려다보이는 위치에 있는 아름다운 호텔이다. 1764년에 만들어져 250년이 넘은 호텔로서, 건물은 낡았지만 분위기가 로맨틱하고, 귀엽게 꾸며진 방은 만족스러운 하루를 보장한다. 단 5개의 스위트와 11개의 방이 있을 뿐이다. 바이런 경이 『차일드 헤럴드의 순례』를 쓰기 위해서 이 지방에 왔을 때 여기에 묵었다. 식당도 훌륭하고 티룸에서는 완벽한 영국식 애프터눈 티를 제공한다.

홈페이지 www.lawrenceshotel.com

신트라 부티크 호텔
Sintra Boutique Hotel

신트라 시내에 있는 호텔이다. 작지만 편리하고 인테리어가 깔끔하고 깨끗하다.

홈페이지 www.sintraboutiquehotel.com

호텔 티볼리
Hotel Tivoli Sintra

신트라 궁전이 바로 내려다보이는 좋은 위치에 있는 호텔이다. 위치는 편리하나 호텔은 좀 낡았다.

홈페이지 www.tivolihotels.com

호텔 페냐 롱가
Hotel Penha Longa

신트라 지역 전체를 통틀어서 최고의 호텔 겸 리조트일 뿐만 아니라, 포르투갈 전체를 통틀어서도 최고의 호텔 중 하나이다. 리조트 호텔이라 골프장 및 다른 레저 시설들이 함께 있다. 주변의 환경은 자연으로 둘러싸여 있다. 또한 내부에 몇 개의 식당을 가지고 있는데, 이 식당들이 대부분 아주 뛰어나다는 점도 특징이다. 다만 신트라 시내에서 8킬로미터 정도 떨어져 있어서 렌터카나 택시를 이용해야 한다.

홈페이지 www.penhalonga.com

카스카이스 & 에스토릴

호텔 팔라시우 에스토릴
Hotel Palacio Estoril

예로부터 에스토릴을 대표하는 전통의 럭셔리 호텔이다. 과거부터 유명 망명객들의 집과 같은 구실을 했던 곳이다. 영화 007 시리즈의 「여왕 폐하 대작전」(On Her Majesty's Secret Service)을 촬영한 곳이기도 하다. 낡은 호텔이다보니 요즘의 스타일을 원하는 사람에게는 맞지 않을 수 있지만, 유서 깊은 호텔의 분위기를 느껴보고 싶은 사람에게는 최적의 장소겠다. 안에 있는 식당 포 시즌스(Four Seasons)도 유명하다.

홈페이지 www.palacioestorilhotel.com

호텔 알바트로스
Hotel Albatroz

카스카이스 해변에서 가장 좋은 곳 위에 지어진 멋진 호텔이다. 다른 관광객들에는 미안할 정도의 위치다. 고급 호텔이지만 어촌의 별장에 와있는 듯한 느낌을 주기 위해서 내부는 일부러 럭셔리 호텔과는 다른 소박한 분위기를 택했다. 5성급.

홈페이지 www.albatrozhotels.com

호텔 카스카이스 미라젬
Hotel Cascais Miragem

카스카이스 해변에 있는 현대적 호텔이다. 깨끗하고 심플하다. 바다를 조망하기에 좋은 위치에 있다. 안에 있는 식당도 수준이 있다.
홈페이지 www.cascaismirage.com

페스타나 시다델라 카스카이스
Pestana Cidadela Cascais

카스카이스의 좋은 위치에 있다. 규모는 작지만 고급 호텔이다. 모든 방이 저층에 있어서 편안한 기분을 즐길 수 있으며. 방은 현대식으로 개조되어 깨끗하다.
홈페이지 www.pestanacollection.com

파롤 호텔
Farol Hotel

해변에 있는 작은 호텔이다. 개인주택을 호텔로 전용한 곳이라 좁기는 하지만, 바다가 잘 보여서 전망이 좋다. 방들도 새롭게 꾸며서 깨끗하고 산뜻하다.
홈페이지 farol.com.pt

리스본의 식당과 카페

바이샤 지구

카페 니콜라
Cafe Nicola

호시우 광장에 있는 유서 깊은 카페다. 에스프레소와 과자로 유명해진 곳이지만, 식사도 할 수 있다. 샐러드나 샌드위치 같은 간단한 식사뿐만 아니라 본격적인 식사도 잘 만든다. 리스본 전통 요리들을 다 잘 하는데, 특히 바다가재나 생선 등을 중심으로 한 해산물 요리를 잘 한다. 게다가 호시우 광장을 바라보면서 혁명과 예술에 대한 논의가 오고갔던 역사적인 장소에서 식사를 한다는 심리적인 포만감은 덤이다. (본문 65쪽)

홈페이지 nicola.pt

파스텔라리아 수이사
Pastelaria Suiça

호시우 광장의 서편에 카페 니콜라가 있다면 동편에는 '자유 정신의 산실' 파스텔라리아 수이사가 있다. 원래는 과자점이지만 니콜라처럼 어지간한 식사도 함께 취급한다. 리스본의 전통적인 요리를 잘 한다. (본문 67쪽)

홈페이지 www.casasuica.pt

감브리누스
Gambrinus

호시우 광장 뒤편에 있는 포르투갈 요리 전문 식당이다. 고색창연하면서도 세련되고 독특한 분위기가 인상적이다. 1936년에 설립되어 80년이 넘는 전통을 자랑한다. 지금의 인테리어는 1964년에 만들어진 것으로, 50년이 넘었지만 여전히 세련되고 아름답다. 또한 맛있고 친절한 식당이기도 하다. 특히 해물요리가 뛰어나서 리스본의 본격적인 해산물을 맛볼 수 있다.

홈페이지 www.gambrinuslisboa.com

오 시아두
O Chiado

상당히 널리 알려진 포르투갈 식당이다. 해물요리를 잘 하는데, 특히 문어 요리를 추천한다. 고기 등 다른 음식들도 대부분 괜찮은 편이다. 한국을 비롯한 이국인 관광객들이 많디.

피구스
Figus

피게이라 광장에 있는 식당이다. 대부분의 음식이 맛있지만 특히 생선요리가 뛰어나다. 새롭게 인테리어를 하여 환경도 좋고, 세련된 분위기를 풍긴다. 바이샤 지역에서 방문하기 좋은 식당 중 하나다.

홈페이지 www.restaurantefigus.com

마르티뉴 다 아르카다
O Martinho da Arcada

코메르시우 광장 주변에는 몇몇 식당들이 있는데, 그 중 코너에 있는 마르티뉴 다 아르카다(O Martinho da Arcada)는 특히 저명한 업소다. 1782년에 문을 연 이곳은 리스본에서 가장 오래된 카페 겸 식당이다.

이곳은 특히 작가 페르난두 페소아가 즐겨 찾았던 곳으로, 그는 여기서 식사를 하거나 독서하기를 즐겼다. 페소아의 팬이라면 한 번쯤은 이곳에 앉아서 코메르시우 광장을 바라보면서 광장 너머 테주강의 분위기를 느껴보자. (본문 78쪽)

홈페이지 www.martinhodaarcada.pt

바이루 알투 및 시아두 지역

카페 아 브라질레이라
Cafe A Brasileira

아마도 리스본 전체에서 가장 유명한 카페일 것이다. 입구에서 사진을 찍으려는 관광객들로 북새통을 이룬다. 지하에 같은 이름의 식당을 운영하고 있는데, 포르투갈 전통 요리를 중심으로 한다. 음식은 이전의 명성만은 못하다. (본문 90쪽)

파스텔라리아 베나르드
Pastelaria Benard

리스본 시민들의 사랑을 받는 가게다. 어떤 이들은 시아두 지역에서 가장 맛있는 크루아상을 파는 집이라고 말한다. 과자 외에 인기 음료는 마시는 초콜릿과 커피. 그 외에 바칼라우 같은 어지간한 포르투갈 요리도 거의 다 주문할 수 있어서 간단하게 요기를 하기에 좋다. 웨이터들이 아주 친절하다. (본문 95쪽)

홈페이지 pastelaria-benard.business.site

타르티느
Tartine

시아두의 중심인 가헤트 거리(Rua Garrett)에서 골목 하나만 뒤로 들어간 곳에 다소곳하게 숨어 있는 카페다. 소박한 카페의 검소한 식탁에서 좋은 음식들을 만날 수 있다. 특히 커피가 아주 맛있으며, 과자나 케이크 등도 모두 수준급이다. (본문 96쪽)
홈페이지 www.tartine.pt

카페하우스
Kaffeehaus

리스본에서는 보기 드문 빈 스타일 카페다. 빈의 대표적인 슈니츨, 빈 스타일의 브루스트(소시지), 심지어는 자허토르테까지 있으며, 브런치도 좋다. 그러나 이 집 최고의 음식은 역시 커피다.
홈페이지 www.kaffeehaus-lisboa.com

카페 로얄
Cafe Royale

시아두 지역에 있는 또 하나의 유명한 카페로 간단히 요기하기에 좋다. 커피가 맛있다.

레스토랑 & 비스트로 100 마네이라스
Restaurante & Bistro 100 Maneiras

바이루 알투의 골목 안에 있는 작은 식당이지만, 이미 상당히 유명한 곳이다. 대중식당 중에서는 음식이 아주 좋은 편이며, 어떤 이들은 이곳의 셰프를 리스본 제1의 요리사로 손꼽기도 한다. 손님이 많음에도 하나하나 정성을 잃지 않는다. 특히 테이스팅 메뉴로 나오는 10코스짜리 메뉴는 양이 많지만 한 번쯤은 먹어볼 만하다. 레스토랑과 비스트로가 따로 있다.
홈페이지 www.100maneiras.com

데카덴트
The Decadente

바이루 알투의 골목 안에 있는, 아주 독특한 분위기를 가진 식당이다. 식당 같지 않은 분위기에서 독특한 메뉴를 독특한 플레이트로 만난다. 음식도 좋고 분위기도 최고다. 느긋한 여행을 즐기는 여행자에게 최고의 장소. 오후 내내 카페처럼 문을 열어서 원하는 때에 이용할 수 있다.
홈페이지 www.thedecadente.pt

벨칸토
Restaurante Belcanto

상 카를루스 극장 건너편에 있는 식당이다. 오페라 극장 앞에 어울리는 상호를 붙이고 있다. 이곳은 한마디로 리스본에서 최고의 요리를 선보이는 식당이다. 문을 열어보면 보통은 열리지 않을 것이다. 항상 문을 잠궈 놓아서 초인종을 눌러야 열어주는데, 예약을 하지 않은 이상 자리를 얻기는 어렵다. 포르투갈의 스타 요리사 주제 아빌레스(Jose Avillez)가 운영하는 곳으로, 오랫동안 미슐랭 별 2개를 유지해왔다. 영국 잡지 《레스토랑》지에서 선정한 '세계 최고의 식당 50선' 목록에 오르기도 했다. 분위기는 엄숙하고 조용하다. 음식은 포르투갈과 프랑스의 요리를 바탕으로 한 것으로, 그 품질과 서비스가 모두 나무랄 데가 없다.

홈페이지 www.belcanto.pt

칸티뉴 두 아빌레스
Cantinho do Avillez

앞에서 소개한 벨칸토의 스타 셰프 주제 아빌레스가 차린 또 다른 식당이다. 벨칸토가 격식을 갖추는데 반하여, 이곳은 훨씬 캐주얼한 스타일이다. 아빌레스는 한 동네에 완전히 다른 스타일의 두 식당을 연 셈인데, 둘 다 성공했다. 벨칸토에 엄숙한 감동이 있다면, 칸티뉴 두 아빌레스에는 웃음과 즐거움이 있다. 두 곳 중에서 가격이 저렴한 이곳의 인기가 더 좋다. 바칼라우 등 리스본의 해산물을 중심으로 이곳만의 독창적인 요리를 만들어 낸다. 대부분 독창적인 창작 요리라, 주문하기 전에 웨이터의 추천을 받는 것이 좋다. 점심때는 '오늘의 요리'를 좋은 가격에 제공한다.

홈페이지 www.cantinhodoavillez.pt

타지드
Tagide

시아두 지역에 조용히 숨어 있는 식당이다. 부근까지 걸어가도 도무지 식당이 있을 것 같지 않은 주택가에서 세련된 식당이 나타난다. 창가에 배치된 테이블에서 보이는 전망이 아주 멋지다. 점심에는 환하고 푸른 하늘을, 저녁에는 테주강에 걸치는 황혼을 즐기면서 식사할 수 있다. 고급 식당으로 해산물을 중심으로 한 식사가 훌륭하다.

홈페이지 www.restaurantetagide.com

카사노스트라
Casanostra

바이루 알투 지역의 골목안에 있는 작은 이탈리아 식당이다. 소박하지만 제대로 된 이탈리아 스타일을 맛볼 수 있다.
홈페이지 www.casanostra.pt

피달구
Restaurante Fidalgo

바이루 알투에 있는 전통 포르투갈 음식 전문점이다. 가족이 운영하는 소박한 식당으로 리스본의 집밥 식당 정도로 여기면 될 것이다. 그러나 요리 수준은 만족스럽다.
홈페이지 www.restaurantefidalgo.com

카페 누바이
Cafe Noobai

산타 카타리나 전망대 부근에 있는 잘 알려진 카페다. 음식이나 음료, 분위기 모두 특별한 점은 없고 비교적 젊은이 취향이지만, 좋은 전망이 이 모든 것을 참게끔 해준다. (본문 116쪽)
홈페이지 www.noobaicafe.com

알파마 지역

피테우 다 그라사
O Pitéu da Graça

그라사 전망대 부근에 있는 전통식당이다. 외관이나 실내장식이 예쁘지도 않고 메뉴도 특별하지 않다. 하지만 동네 사람들이 좋아하는 진정한 동네 밥집이다. 특히 전통적인 각종 대구 요리가 대표적이다.
홈페이지 www.restauranteopiteu.pt

파즈 피구라
Faz Figura

알파마 지역에 있는 비교적 세련된 식당이다. 전망이 좋아서 가까이서 흐르는 테주강을 테이블에서 바로 볼 수 있다. 음식의 품질이 아주 고급이라고는 할 수 없지만 분위기 있는 식당을 찾는다면 추천할 만하다.
홈페이지 www.fazfigura.com

폼발 광장 북쪽 지역

일레븐
Eleven

에두아르두 7세 공원의 뒤편으로 이어지는 곳이 아말리아 호드리게스 정원인데, 이곳에 전망이 탁 트인 식당 '일레븐'이 있다. 유명 요리사 요아힘 쾨르퍼(Joachim Koerper)가 포르투갈의 전통적인 재료와 조리법을 이용해 프랑스풍의 식탁을 만든다. 특별한 식사를 원한다면 추천하는 고급 식당이다.

홈페이지 www.restauranteleven.com

굴벤키안 박물관 카페테리아
Museu Calouste Gulbenkian, Cafeteria

굴벤키안 박물관을 방문하는 날은 박물관 안의 카페테리아에서 식사를 하는 것도 좋다. 정원을 바라보면서 먹는 식사를 하다 보면 예술과 자연을 함께 섭취하는 듯한 기분이 든다. 간단한 뷔페식으로 본인이 고를 수 있다.

파스텔라리아 베르사유
Pastelaria Versailles

굴벤키안 박물관 근처에 있는 좋은 카페다. 1922년에 설립되어 백 년 동안 리스본 카페의 맥을 이어오고 있는 전통적인 장소다. 커피나 과자는 물론 포르투갈 음식을 중심으로 한 음식들도 대부분 수준이 높고, 스태프들은 친절하고 품위가 있다. (본문 184쪽)

벨렝 지역

페이토리아
Feitoria

벨렝 지역에 있는 고급 식당이다. 전망도 좋고 인테리어도 훌륭하지만 무엇보다도 음식이 뛰어난데, 전반적으로 프랑스식을 바탕으로 한다. 다만 가격은 상당히 높은 편이다. 벨렝 지역에 있어서 유명 정치인들이나 유명인들이 회동을 많이 한다는 점이 장점이자 단점이다.

홈페이지 www.restaurantefeitoria.com

페드로쿠스
Restaurante O Pedrouços

테주강 변에 위치한 대중적인 식당이다. 해산물을 잘 하는 것으로 알려져 있으며, 특히 제철을 맞은 정어리 등의 생선 구이가 유명하다. 대부분의 음식이 다 좋다.

올리바이스 지역

레스토란테 바칼라우
Restaurante D`bacalhau

이름처럼 대구 전문 식당이다. 나수에스 공원 지역에는 식당이 많지만, 그중에서도 재료와 요리의 수준이 높은 곳이다. 13가지의 다양한 대구요리를 필두로 다른 해산물도 취급한다. 테주강 바로 옆에 있어서 전망이 좋고 테라스 자리도 있다.
홈페이지 www.restaurantebacalhau.com

라 탈리아텔라
Restaurante La Tagliatella

올리바이스 지역의 많은 식당들은 대개 관광객용이거나 패스트푸드점 수준이다. 그 중에서 비교적 제대로 된 이탈리아 요리를 해내는 곳이다.
홈페이지 www.latagliatella.pt

신트라

니콜라
Nicola

도심 옆의 작은 카페다. 간단한 식사를 하기 괜찮다. (본문 255쪽)

피리키타
Piriquita

이 집의 유명한 과자인 '트라베세이루'(travesseiro)는 베개라는 뜻으로, 정말 베개처럼 생긴 큼지막한 과자다. 이 '베개과자'를 좋아하는 동네 사람들과 여기까지 온 김에 한 번 먹어보려는 방문객들로 번잡하다. '케이자다'(Queijada)라는 일종의 치즈 케이크 및 다른 과자들도 인기가 좋다. (본문 256쪽)
홈페이지 www.piriquita.pt

카페 사우다드
Cafe Saudade

크림이 들어있는 패스트리의 일종인 '케이자다'(Queijada)로 유명하다. 1888년에 문을 열면서 주인의 이름을 딴 '마틸다 케이자다'을 내놓아서 크게 히트했다. 그 외에 과자, 샌드위치 그리고 주스도 다 맛있는 집이다. (본문 256쪽)

레스토랑 로렌스
Restaurant Lawrence

호텔 로렌스에 있는 식당이다. 신트라 지역에서는 드물게 좋은 요리를 제공하며, 와인 셀렉션도 좋다. 전망이 아주 좋아서 시내가 내려다보이는 분위기가 그만이다. 테라스에서는 별도로 간단한 식사를 할 수도 있다.
홈페이지 www.lawrenceshotel.com

랩 바이 세르기 아롤라
LAB by Sergi Arola

호텔 페냐 롱가 안에 있는 식당들 중에서 가장 우수한 곳이다. 셰프 세리기 아롤라가 자신의 이름을 걸고 하는 식당인 만큼 수준이 뛰어나다. 좌석은 22개뿐이다. 호텔 안에는 그 외에도 몇 개의 식당이 있다.
홈페이지 www.labbysergiarola.com

아제냐스 두 마르

레스토랑 아제냐스 두 마르
Restaurante Piscina Azenhas do Mar

이 일대에서 가장 좋은 위치에 있는 식당이다. 마치 절벽 가운데에 서랍이 붙어 있는 듯이 매달려 있다. 창가에서 바라보는 풍경은 최고다. 해물을 중심으로 한 음식은 좋은 편이며, 가격은 좀 비싸다.
홈페이지 www.azenhasdomar.com

포르탈레사 두 긴수
Fortaleza do Guincho

같은 이름의 호텔 안에 있는 식당이다. 산지에서 갓 잡은 신선한 해산물에 뛰어난 요리 솜씨가 더해진 이곳은 카스카이스 지역에서 최고의 식당 중 하나로 꼽힌다.
홈페이지 www.fortalezadoguincho.com

페스카도르
O Pescador

카스카이스의 해변 뒤편으로 보행자용 산책로가 있는데, 이곳에 해산물 식당이 모여있다. 그중에서도 가장 추천할만한 곳이 이 식당이다. 커다란 어항에 다양한 생선이 들어있는데, 일단 주인이 추천하는 생선을 택하는 것이 좋다. 계절에 맞는 어종과 신선도를 그들이 잘 알 뿐 아니라, 같은 생선이라도 우리 것과는 맛이 다르다는 점을 고려해야 한다. 어부의 집처럼 어구(漁具)로 장식된 캐주얼한 인테리어도 분위기를 돋운다.

포라 드 페
Fora de Pe

위에서 소개한 페스카도르 옆에 있는 해산물 식당이다. 규모도 더 크고 분위기도 좀 더 본격적이다. 신선한 지역 해산물로 요리한 튀김이나 구이를 잘 하는데, 수준이 종종 일정치 않다.
홈페이지 www.foradepe.com

에스토릴

그릴 포 시즌스
Grill Four Seasons

역사적인 호텔 팔라시우 안에 있는 대표 식당으로서, 오랫동안 에스토릴과 카스카이스를 통틀어 대표적인 식당이었다. 지금은 이전만큼의 명성은 없지만 여전히 좋은 식당으로 꼽힌다. 여러 편의 영화를 촬영한 곳이기도 하다.
홈페이지 www.palacioestorilhotel.com

빌라 타마리스 유토피아
Villa Tamariz Utopia

에스토릴 해변의 저택을 식당으로 개조한 곳이다. 아주 뛰어난 요리를 제공하는 고급 식당이다. 과거 '포 시즌스'의 지위가 현재는 여기로 옮겨왔다고 여겨도 될 것이다. 지역의 바다에서 난 신선한 해물을 바탕으로 상당한 수준의 요리를 제공한다.

시마스
Restaurante Cimas

아주 좋은 식당이다. 어쩌면 현재 에스토릴에서 가장 좋은 식당일 수도 있다. 음식은 섬세하고 고급스러우며, 웨이터는 대단히 친절하고 전문적이다. 이 동네의 다른 식당에 비해서는 조금 비싸지만 그만한 가치는 충분하다.
홈페이지 www.cimas.com.pt

헤밍웨이
Hemingway

에스토릴 중심부에 있는 식당으로, 창가나 테라스의 식탁에서 바라보이는 바다의 풍경이 그만이다. 특히 낮보다는 밤에, 아름다운 지중해의 풍경 덕분에 인기가 높다. 음식도 뛰어난 고급 식당이다.
홈페이지 www.hemingwaycascais.com

볼리나
Restaurante Bolina

에스토릴 해변에 위치해서 관광객을 상대하는 어설픈 식당이 아닐까 망설여질 수 있지만, 생각보다는 음식이 좋다. 역시 제철 해산물을 먹는 것이 좋다.
홈페이지 www.bolina.fish

리스본 파두하우스

리스본에까지 왔으니 파두를 듣고 가지 않을 수 없다. 파두를 공연하는 곳은 파두하우스인데, 보통 저녁에 1~3회의 공연을 한다. 리스본에는 많은 파두하우스가 있는데, 대부분 두 지역, 즉 바이루 알투와 알파마 지역에 집중되어 있다.

거의 모든 파두하우스가 식당을 겸하고 있어서, 식사를 하거나 와인을 마시면서 공연을 보는 형태다. 어떤 곳은 규모가 상당하며 전문적인 가수가 나오는가 하면, 어떤 곳은 시중을 들던 사람이 앞치마를 벗고 노래하기도 한다. 식사를 할지 와인만 마실지 미리 결정해야 한다. 그것은 일종의 노래를 듣는 값이 되므로, 그에 따라서 좌석이 달라질 수 있다. 인기 있는 파두하우스는 예약을 하는 것이 좋다. 호텔에 부탁하는 것이 가장 좋은 방법이다.

바이루 알투 지역

파이아
O Faia

시아두 지역에 있는 파두하우스로서, 최근에 가장 높은 수준의 가수들이 출연한다고 알려져 있다. 특히 격정적인 여가수가 청중의 분위기를 띄운다. 1947년에 문을 연 오래된 곳으로서 실내는 비교적 넓고 인테리어는 소박하다. 포르투갈의 전통적인 음식을 먹을 수 있다. 무대가 바의 한가운데에 있고 조명이 어두워서 분위기가 살아나는 편이다.
홈페이지 www.ofaia.com

아제다 마사두
Ageda Machado

1937년에 설립된 유서 깊은 곳이지만 최근에 실내를 완전히 재단장해서 시아두 지역에서는 가장 실내가 밝고 쾌적한 파두하우스이기도 하다. 보통 2~3명의 가수가 번갈아가며 나오는데, 주로 남성 가수의 존재감이 강한 곳이다. 너무 레스토랑 같은 분위기라서 손님이 적을 때에는 분위기가 경직되기도 하는 것이 단점이다. 대신에 음식은 시아두 지역에서는 좋은 편인데, 특히 문어 요리와 바칼라우가 좋다.
홈페이지 www.agedamachado.pt

아 세베라
A Severa

1955년에 설립되어 소유주가 3대째로 계승되는 집이다. 현지에서 파두를 아는 사람에게 물어보면 대개 이 집이 가장 전통적인 형태라고 얘기한다. 가수들은 남녀가 보통 1~2

명씩 나오며 비교적 관객들과의 소통도 이루어지는 편이다. 공간은 제법 널찍하지만 음식의 질이 그리 만족스럽지 못한 게 단점이다. 식사는 다른 곳에서 하고 들어와서 음료만 주문해도 되지만, 그럴 경우 자리가 뒤쪽이 될 확률이 높을 것이다.
홈페이지 www.asevera.com

카페 루소
Cafe Luso

아제다 마사두와 같은 회사에서 경영하는 곳이다. 간혹 '리스본에서 가장 오래된 파두하우스'라고 얘기하기도 하는데, 리스본 대지진 때 살아남은 곳이기 때문이다. 그런데 최근에 실내 장식을 전면적으로 바꾸었기 때문에 딱히 오래되었다는 느낌은 들지 않을 것이다. 다만 기본적인 구조는 여전히 전통적이다. 가수들의 수준이 높은 편이다. 규모가 크고 거의 기업식으로 운영되며 단체 손님들이 많이 온다.
홈페이지 www.cafeluso.pt

타스카 두 치쿠
Tasca do Chico

다른 파두 공연장과 많이 다르다. 그야말로 바라고 할 수 있는 아주 좁은 공간이어서 바로 눈앞에서 파두가 들려온다. '아, 리스본에 와 있구나'라고 실감하고 싶은 나그네에게 어울리는 공간이다. 부엌의 용적에 비해서 보통 손님들이 너무 많기 때문에 음식은 먹지 말고 음료나 마시면서 파두를 즐기는 것이 좋다. 한두 명이 가게 되면 나무 벤치로 된 의자에 합석을 하게 되어서, 낯선 이와 함께 듣는 이국의 밤이 더 즐거울 것이다.
홈페이지 www.tascadochico.com

칸투 두 카몽이스
O Canto do Camões

시아두 지역에서 오래된 파두 바이다. 좀 낡은 감이 있지만 파두의 공연은 전통적이고 연주의 수준도 제대로다.
홈페이지 www.cantodocamoes.pt

세뉴르 비뉴
Senhor Vinho

시아두 지역으로 분류하였지만, 사실은 바이루 알투의 중심지역에서 꽤 떨어진 곳에 있다. 제대로 된 전통적인 파두를 들려주고자, 유명한 파두 가수인 마리아 다 페(Maria da Fé)가 설립했다.
홈페이지 www.srvinho.com

메사 드 프라데스
Mesa de Frades

알파마 지역 뿐만 아니라, 종종 '리스본 시내 전체에서 사실상 가장 좋은 파두 레스토랑'으로도 일컬어지는 곳이다. 전통적인 아줄레주 문양과 낡은 나무 의자로 장식된 소박한 식당에서 리스본의 전통적인 음식을 기분 좋게 즐길 수 있다. 파두 공연의 수준이 높을 뿐 아니라 전통적인 형식도 잘 지키고 있다.

아 바이우카
A Baiuca

관광객들을 위한 곳이 아니라 진정한 알파마 주민들의 저녁 시간을 엿보고 싶다면 가장 적합한 장소 중 하나일 것이다. 알파마 골목 안에 숨어 있다. 낡고 작지만 어딘가 매혹적인 건물 안에 가족들이 운영하는 작은 바가 자리 잡고 있다. 파두의 가락이 흥에 겨우면 실제로 이웃의 동네 사람들도 가세하여 함께 분위기를 띄우기도 한다.

파레이리냐 드 알파마
Parreirinha de Alfama

최근 알파마 지역에서 가장 괜찮은 파두하우스라 생각한다. 전통적인 분위기의 테이블에서 편안하게 파두를 즐길 수 있다. 파두의 연주 수준도 좋고 음식도 나쁘지 않다. 다만 음식의 완성도에 비해서 가격이 좀 비싼 편이다.

홈페이지 www.parreirinhadealfama.com

클루베 드 파두
Clube de Fado

'파두 클럽'이라는 뜻의 상호처럼 한 동안 리스본의 파두를 대표하는 장소였다. 지금도 식당이라기보다는 파두 공연장이라는 자부심이 강하다. 파두는 수준 있고 들을 만하다. 단, 너무 뒤에 앉으면 느낌이 오지 않을 수 있기 때문에 예약 때에 자리를 확인해야 할 것이다. 왜냐면 보통 본인과 가수 사이에 수십 명의 단체관광객이 앉을 확률이 높기 때문이다. 그만큼 알려진 곳이긴 하다. 음식은 좀 거창한데, 맛은 그저 그렇다.

홈페이지 www.clube-de-fado.com

세뉴르 파두 드 알파마
Sr. Fado de Alfama

알파마에 있는 아주 작은 파두하우스다. 가족들이 운영하므로, 너무 큰 서비스를 기대하면 곤란하다. 다만 파두를 가까이서 즐기고 싶다면 좋다. 음식을 열심히 서빙하던 남녀가 갑자기 앞치마를 던지고는 남자는 기타를 잡고 여자는 노래를 한다고 생각하면 된다.

파테우 드 알파마
Pateo de Alfama

규모가 제법 큰 공연 식당이다. 공연자들이 포르투갈 전통 의상을 입고 나오는 등 상당히 쇼에 공을 들였다. 주로 단체 관광객들 대상으로 하는 곳 같은데, 그래도 파두의 수준은 괜찮다. 음식은 그저 그렇지만, 넓고 쾌적한 분위기다.

홈페이지 www.pateodealfama.pt

가는 방법

리스본
Lisbon

항공 한국에서 리스본으로 가는 직항 편은 없으므로 경유해야 한다. 인천에서 도달하는 대부분의 유럽 허브 공항에서는 리스본행 항공편이 있으니, 환승이나 경유를 하면 된다. 대표적인 곳은 파리, 프랑크푸르트, 런던, 암스테르담, 마드리드, 바르셀로나 등이다. 그 외에도 스페인은 3개 도시, 독일은 3개 도시, 프랑스는 4개 도시에서 리스본으로 가는 항공편이 있다. 파리는 오를리 공항과 샤를 드골 공항 모두에서 리스본으로 갈 수 있다. 코펜하겐, 스톡홀름 등의 북유럽국가와 모로코에서도 환승 항공편이 있다. 에티하드항공이나 에미레이트항공, 터키항공을 이용하여 이스탄불 등을 경유하는 방법도 있다.

열차 우리나라 사람들이 최근 스페인 여행을 많이 가다 보니 마드리드를 간 김에 열차를 타면 쉽게 리스본을 갈 수 있다고 생각하는 분들이 적지 않은데, 마드리드에서 리스본으로 가는 열차는 거의 없으며 육로로는 상당히 멀다. 두 나라는 서로 다른 나라이며 대부분의 마드리드 사람들은 리스본을 갈 때에 항공편을 이용한다. 거의 유일한 열차편은 마드리드의 샤마르틴(Chamartín) 역에서 야간열차로 이동하는 것이다. 시간은 계절에 따라 다른데, 보통 저녁 9~10시 경에 출발하여 이튿날 아침 7~8시 경에 리스본 산타 아폴로니아(Santa Apolonia)역에 도착하니, 약 11시간 정도 소요된다.
www.renfe.com

버스 마드리드에서 리스본까지 가는 육로 역시 썩 원활하지 못하다. 약 7시간 정도 버스를 타면 리스본의 세트 히우스(Sete Rios) 역 앞에 도착한다. 심야버스의 경우 약 10시간 40분 정도 소요되며 리스본의 오리엔트 역 앞에 도착한다. 세비야에서 파루로 이동하여 파루에서 리스본으로 가는 버스를 이용할 수도 있다.

리스본 공항에서 시내 들어가기

지하철 공항에서 베르멜랴선으로 시내까지 이동할 수 있다. 살다냐(Saldanha)역까지는 15분이 소요된다. 지하철 운행시간은 06:00~01:00이다.
버스 공항버스 1번, 2번, 3번 외에 시내버스와 심야버스가 있다.

공항버스 1번 : 07:00~23:20 (평일, 20분간격)
07:00 ~22:50 (주말 및 공휴일, 25분 간격)
공항버스 2번 : 07:00~23:00 (40분~1시간 간격)
공항버스 3번 : 공항에서 오리엔트역 사이만 운행.
일반버스 : 705, 722, 744, 783 (공항버스가 운행하지 않을 경우에는 744번과 783번 운행시간이 길어진다.)
심야버스 : 208번

칼루스트 굴벤키안 박물관
Museu Calouste Gulbenkian

버스 716, 726, 756번 프라사 드 에스파냐(Praça de Espanha-av. de Berna) 하차, 726번, 746번 아줄 - 굴벤키안(B º Azul - Gulbenkian) 하차.
지하철 베르멜랴선 상 세바스티앙(São Sebastião)역 하차. 아줄선 프라사 드 에스파냐역 혹은 상 세바스티앙역 하차.
개관시간 월요일, 수요일 ~ 일요일 10:00 ~ 18:00(입장마감 17:30)
휴관 매주 화요일, 1월 1일, 부활절 일요일, 5월 1일, 12월 24일, 12월 25일
주소 Av. de Berna, 45A, 1067-001 Lisbon
홈페이지 gulbenkian.pt/museu/en/

탈리아 극장
Teatro Tália

버스 701, 726, 764, 755, 768번 에스트라다 다스 라란제이라스(Estrada das Laranjeiras) 정류장 하차.
지하철 아줄선 동물원(Jardim Zoológico)역 혹은 라란제이라스(Laranjeiras)역 하차 후, 도보로 6분.
주소 Av. 5 de Outubro, 107, 1069-018 Lisboa
홈페이지 www.sec-geral.mec.pt

아구아스 리브레스 수로
Aqueduto das Águas Livres

버스 702번 칼사다 두스 메스트레스(Cç. dos Mestres) 정류장 하차.
지하철 아마렐라선 또는 아줄선 폼발 후작 광장 하차 후, 702번 버스 환승.
열차 캄폴리드(Campolide)역 하차 후, 702번 버스 환승.
주소 Calçada da Quintinha 6, 1070-225 Lisboa

카사 페르난두 페소아
Casa Fernando Pessoa

트램 25, 28번 사라이바 드 카르발류 거리(Rua Saraiva de Carvalho) 정류장 하차 후, 도보 3분.
버스 709, 774번 후아 사라이바 드 카르발류 정류장 하차 후, 도보 3분. 또는 713, 720, 738번 에스트렐라 정원(Jardim da Estrela) 정류장 하차 후, 도보 3분.
지하철 아마렐라선 하토(Rato)역 하차 후, 도보 10여분.
개관 월요일 ~ 토요일 : 10:00 ~ 18:00(입장마감 17:30)
휴관 일요일, 1월1일, 5월1일, 12월25일
주소 Rua Coelho da Rocha, 16, Campo de Ourique, 1250-088 Lisboa
홈페이지 www.casafernandopessoa.pt

카사 아말리아 호드리게스
Fundação Amália Rodrigues

버스 706, 727번 후아 드 상 벤투(Rua de São Bento) 정류장 하차.
지하철 아마렐라선 하토(Rato)역 하차 후, 도보 7분.
개관 월요일 ~ 일요일 - 10:00 ~ 18:00
주소 Rua de São Bento, 193, 1250-219 Lisboa
홈페이지 www.amaliarodrigues.pt

그리스도상
Cristo Rei

페리 카이스 두 소드레(Cais do Sodré) 기차역 뒤, 선착장(Ferry Terminal)에서 페리 탑승. 카실랴스(Cacilhas) 선착장 하차(15분 소요) 후, 101번 버스로 종점인 크리스투 헤이(Cristo Rei) 정류장에서 하차(약 20분 소요). 페리 시간은 홈페이지(www.transtejo.pt)에서 확인 가능.
버스 753번 버스 → 포르타짐(Portagem) 정류장 하차 후, 도보로 10여분.
개관 7월1일 ~ 7월14일 : 9:30 - 18:45 / 7월15일 ~ 8월31일 : 9:30 - 19:30
　　　9월1일 ~ 9월20일 : 9:30 - 18:45 / 9월21일 ~ 6월30일 : 9:30 - 18:00
휴관 12월24일 13:00 ~ 12월25일 14:30까지 / 1월1일은 10:00 개방.
홈페이지 www.cristorei.pt

벨렝
Belém

트램 15번

버스 201, 714, 727, 728, 729, 751번, 제로니무스 수도원(Mosteiro dos Jerónimos) 하차. 제로니무스 수도원까지는 도보 2분, 발견기념비까지는 도보로 10분 소요.

올리바이스
Olivais

지하철 베르멜랴선 공항행을 타면 갈 수 있다. Expo 98과 포르투갈 파빌리온은 카보 후이부(Cabo Ruivo)역 하차, 도보로 15분.
버스 26B, 400, 728번 오세아나리우 드 리스보아(Oceanário de Lisboa) 정류장 하차. 도보 3분 이내로 물의 정원, 포르투갈 파빌리온을 갈 수 있다.

카스카이스
Cascais

열차 카이스 두 소드레 혹은 산토스(Santos) 역에서 출발. 40여분 소요.
버스 신트라 혹은 카보 다 호카에서 403번. 혹은 신트라에서 417번으로 종점인 카스카이스 터미널 정류장에서 하차(40여분 소요).
* 버스 시각표 및 노선도 : https://scotturb.com/home/?lang=en
(여름과 겨울 스케줄이 다르므로, 시기에 맞춰 확인 할 것)

신트라
Sintra

열차 호시우 역에서 열차로 신트라 역까지 40여분 소요 (30분 간격으로 출발).
* 포르투갈 열차 시각표 – https://www.cp.pt/passageiros/en/train-times
버스 폼발 후작 광장에서 35번 버스. 신트라 역까지 27분 소요.(4시간 간격)

아제냐스 두 마르
Azenhas do Mar

열차+버스 호시우 역에서 신트라행 열차로 포르텔라 드 신트라(Portela de Sintra)하차, 440번 버스로 환승. 21분 소요.
* 출발시각표 : https://scotturb.com/home/?lang=en

카보 다 호카
Cabo Da Roca

리스본에서 바로 가는 교통수단은 없고, 신트라 혹은 카스카이스를 경유.
버스 신트라 혹은 카스카이스에서 403번. 카보 다 호카 정류장 하차.

리스본 추천 투어 코스

다음 코스는 편리를 위해서 추천하는 것이다. 각 코스들은 모두 걸어서 다닐 수 있는 범위로서, 걸어 다니는 것을 전제로 설정하였다. 차량이 필요한 경우는 별도로 언급하였다. 각 코스는 하루 정도로 생각하여 만든 코스로서, 한나절 혹은 반나절 코스다. 벨렝, 올리바이스, 신트라와 카스카이스도 한나절의 코스지만, 리스본에서 거기까지 가는 시간은 제외했다. 즉 아침에 그곳에서 일정을 시작하는 것을 기준으로 하였다. 그러나 벨렝과 올리바이스 지역의 코스는 리스본 시내에서 당일 아침에 출발해도 충분하다.

바이샤 지역 – 반나절 투어   제1코스

호시우 광장 → 마리아 2세 국립 극장 → 호시우 역 → 아베니다 팔라스 호텔 → 카페 니콜라 → 파스텔라리아 수이사 → 아 진지냐 → 상 도밍구스 성당 → (상 주제 병원 → 카사 두 알렌테주 → 독립 궁전) → 콘페이타리아 나시오날 → 피게이라 광장 → (산타 주스타 엘리베이터) → 아우구스타 거리 → 무데 → 코메르시우 광장 → 마르티뉴 다 아르카다 → (산타 주스타 엘리베이터 → 바이루 알투 지역 혹은 알파마 지역으로 이어짐)

바이루 알투 및 시아두 지구 – 한나절 투어   제2코스

[산타 주스타 엘리베이터에서 시작] 산타 주스타 엘리베이터 → 바이샤 시아두 역
[지하철 바이샤 시아두 역에서 시작] 바이샤 시아두 역 → 시아두 광장 → 카페 아 브라질레이라 → 파스텔라리아 베나르드 → 사 다 코스타 서점 → 가헤트 거리 → 파리스 엠 리스보아 → 베르트랑 서점 → 카르무 수녀원 → 루바리아 울리세스 → 페린 서점 → 시아두 현대미술관 → 아 비다 포르투게사 → 상 카를루스 광장 → 상 카를루스 국립 극장 → 시아두 광장 → 갈레리아 드 아르테 시아두 8 → 카

몽이스 광장 → 비스타 알레그레 → 상 호케 성당 → 에스트렐라 바실리카 → 에스트렐라 정원 → 영국 묘지 → 상 페드루 드 알칸타라 전망대 → (글로리아 엘리베이터 → 아베니다 다 리베르다드 → 바이샤 지역으로 혹은 폼발 후작 광장으로 이어짐)

알파마 지구의 테주강 변 방면 – 반나절 투어 　　제3코스

코메르시우 광장 → 마르티뉴 다 아르카다 → 카사 두스 비쿠스 → 파두 박물관 → 산타 아폴로니아 역 → 국립 판테온 → 아줄레주 국립 박물관

알파마 지구의 언덕 방면 – 반나절 투어 　　제4코스

코메르시우 광장 → 콘세르베이라 드 리스보아 → 대성당 → 산타 루시아 전망대 → 포르타스 두 솔 전망대 → 그라사 전망대 → 상 조르즈 성

폼발 후작 광장 북쪽 지역 – 반나절 혹은 한나절 투어 　　제5코스

이 지역은 넓어서 걸어서 다니기에는 좀 힘들다. 굴벤키안 박물관으로 가는 것부터는 버스나 지하철 혹은 택시나 렌터카로 둘러보는 것이 편리하다.

성심 성당 → 에두아르두 7세 공원 → 칼루스트 굴벤키안 박물관 → 파스텔라리아 베르사유 → 탈리아 극장 → 아구아스 리브레스 수로 → 카사 페르난두 페소아 → 아말리아 호드리게스 재단

벨렝 지역 – 한나절 투어 `벨렝 코스`

제로니무스 수도원 → 파스테이스 드 벨렝 → (해양 박물관) → 베라르두 컬렉션 박물관 → 벨렝 탑 → (샴팔리모 재단) → 바람의 장미 → 발견기념비 → (국립 고대미술 박물관) → 마트 뮤지엄 → 센트럴 테주 → (이제부터는 꼭 차량이 필요하다) 4월 25일 다리 → 그리스도상

올리바이스 지역 – 반나절 투어 `올리바이스 코스`

나수에스 공원 → 포르투갈 파빌리온 → 리스본 해양 수족관 → 나수에스 해양 공원 → 물의 정원 → 바스쿠 다 가마 타워 → 오리엔트 역

신트라 지역 – 한나절 투어 `신트라 코스`

신트라 궁전 → 신트라 시내 → 카페 사우다드 → (버스를 타고) 페나 성 → 무어 성 → 헤갈레이라 별장 → 몬세라트 궁전 → (아제냐스 두 마르) → (카보 다 호카)

카스카이스 지역 – 한나절 투어 `카스카이스 코스`

마리나 드 카스카이스 → 마레살 카르모나 공원 → 콘데스 드 카스트로 기마랑이스 박물관 → 카사 솜머 → 바다 박물관 → 카스카이스 요새 → 카사 드 산타 마리아 → 산타 마르타 등대와 등대 박물관 → 파울라 레구 미술관 → (주변의 해변들이나 에스토릴, 혹은 카보 다 호카로 이동)

풍월당 문화 예술 여행 02
리스본

1판 1쇄 펴냄	2018년 10월 8일
1판 4쇄 펴냄	2024년 3월 11일

지은이   박종호

펴낸곳   풍월당
         06018 서울시 강남구 도산대로 53길 39, 4층
         전화 02-512-1466 팩스 02-540-2208
         홈페이지 www.pungwoldang.kr
출판등록 2017년 2월 28일 제2017-000089호

ISBN 979-11-89346-01-0 14980
ISBN 979-11-960522-4-9 (세트)

이 책의 판권은 지은이와 출판사에 있습니다.
책 내용의 일부 또는 전부를 재사용하려면 반드시 양측의 동의를 얻어야 합니다.

이 책은 아리따 글꼴을 사용하여 디자인 되었습니다.